L'adulte surdoué

Monique de Kermadec

L'adulte surdoué

Apprendre à faire simple quand on est compliqué

Albin Michel

« J'ai assez vécu pour voir que différence engendre haine. »

Stendhal

« Plus se joignent de voix diverses et contraires,
Plus merveilleux aussi résonne le concert. »

Angelus Silesius

« La perfection intérieure de l'homme consiste en ceci : qu'il ait en son pouvoir l'usage de toutes ses facultés pour le soumettre à sa volonté libre. »

Emmanuel Kant

« Votre temps est limité, ne le gaspillez pas à vivre la vie de quelqu'un d'autre. Ne vous laissez pas piéger par les dogmes, c'est-à-dire vivre avec le résultat de la pensée des autres. Ne laissez pas l'opinion des autres noyer votre voix intérieure. Et, le plus important, ayez le courage de suivre votre cœur et votre intuition. Ils savent déjà ce que vous voulez vraiment devenir. Tout le reste est secondaire. Il faut que vous trouviez ce que vous aimez. »

Steve Jobs

PROLOGUE

Une bouteille à la mer

Chère Madame de Kermadec,

Je me sens perdue, je ne sais pas quoi faire... Depuis le début de ma vie j'ai été en décalage total, d'abord avec ma famille et ensuite avec tous les gens qui m'entouraient. On n'arrêtait pas de me dire que je n'étais pas comme tout le monde, que j'analysais tout, que je décortiquais tout, que j'avais un regard sur le monde bien à part... Mais je ne comprenais pas trop ce que tous insinuaient, bien qu'on me l'ait souvent dit... Un jour, on m'a offert un livre sur l'adulte surdoué et là, page après page, je me suis lue. C'était un portrait de moi ! Le choc fut violent de lire ces phrases. D'un seul coup je me suis sentie comprise, en connexion avec moi... J'ai vomi plusieurs fois ma colère... Un an après je ne sais toujours pas quoi en faire, en penser. J'ai parlé avec ma mère qui m'a appris par exemple que dès quatre ans j'avais su lire seule, que j'avais appris à lire à ma sœur et mon frère aînés... et plein d'autres choses comme ça... Je dois dire que je m'en fiche un peu parce que ce que je sais, c'est qu'aujourd'hui j'ai une vie professionnelle de galère qui me rend malheureuse mais je me sens tellement bête que je ne vois pas comment je peux réussir à faire autre chose. Je ne sais rien... Lorsque ma fille aînée a su lire seule, à l'âge de quatre ans elle aussi, j'ai tu la chose. J'ai honte de tout ça... Je crois que mon fils ne va pas super bien non plus. Il ressent les choses très fort comme moi et il en a du coup beaucoup de peine... Je n'en peux plus. Je ne sais pas quoi faire pour changer tout ça. Est-ce que vous pouvez m'aider ? Il est impossible que je sois intelligente. Je le sais. Je suis sûre que ça ne se peut pas ! Je n'en peux plus... Que faire ?

S.

Introduction

Dans *Variations sauvages*, sa belle autobiographie[1], la pianiste Hélène Grimaud se souvient du sentiment de différence qui l'habitait enfant et inquiétait ses parents. Pour le dire, elle classe dans la famille des « in » les termes dont ses instituteurs l'affublaient : inquiète, insoumise, ingérable, impossible – et les plus terribles : inadapté et inadaptable. Depuis, Hélène Grimaud, surdouée au moins dans le domaine de la musique, a trouvé la voie étroite que lui réservait sa singularité. Mais combien sont-ils, ceux qui, comme elle, comme Stéphanie dont la lettre m'a bouleversée, empêtrés dans leur différence, marchent sur terre comme l'albatros de Baudelaire, gauchement, sujets aux souffrances et objets de quolibets, parce que leur nature n'est pas celle du commun des mortels ?

C'est à eux que ce livre s'adresse. À ces adultes que leur sentiment de différence, né d'une intelligence à la fois supérieure et autre, a marginalisés, qui n'ont toujours pas trouvé leur chemin et souffrent de l'impasse dans laquelle les

---

1. Hélène GRIMAUD, *Variations sauvages*, Paris, Robert Laffont, 2003.

engouffre leur singularité. J'ai voulu répondre aux nombreuses questions que se posent tous les adultes qui ressentent l'inconfort de leur différence, mais aussi à ceux qui ne veulent plus le subir et désirent vivre une vie plus riche, plus satisfaisante, plus en accord avec leurs aspirations profondes. À ceux qui pressentent leurs possibilités et les attentes qu'elles suscitent et ne savent pas comment les mettre en œuvre. Un livre pour tous ceux dont on a applaudi les prouesses lorsqu'ils étaient enfants, qui n'ont perdu ni leur complexité ni leurs talents mais qui n'ont pas pu et n'ont pas su encore les réaliser.

Ces enfants connaissent à l'âge adulte des destinées très différentes. Quelques-uns, célèbres, ont le besoin de s'investir dans une passion qui reste le fil conducteur de leur existence. D'autres, plus en retrait, mènent une vie riche sans pour autant que leurs proches évoquent leur parcours comme une réussite. Un trop grand nombre, hélas, vit dans l'embarras, quand il ne s'agit pas de dépression. Leur différence, mal vécue et mal comprise par leur entourage, les enferme dans une gangue dont ils ne peuvent s'extraire. Qui sont-ils ? Ce ne sont pas uniquement des hommes et des femmes dont le QI, quantifié, les classe dans la catégorie des surdoués. Ils abordent le monde et les problèmes de façon originale et personnelle. Ils réagissent de façon inhabituelle. Ils apprennent de façon atypique et leurs centres d'intérêt sortent des sentiers battus. Comme toute autre personne ostensiblement différente, ils sont la cible de discriminations.

Je voudrais leur dire, comme me l'a appris mon expérience de clinicienne, qu'il existe dans la vie des moments clés au cours desquels chacun doit s'investir sans réserve, faire des compromis, ou se rebeller. Ces moments clés sont beaucoup plus problématiques à vivre pour ces adultes « différents » que pour le commun des mortels, quels que soient l'âge auquel ils surgissent, la personnalité de chacun d'entre eux ou les supports choisis pour épanouir leurs talents et aspirations. Quels que soient aussi les alliés ou les mauvaises rencontres que le destin place sur leur chemin. J'ai écrit ce livre pour que ces adultes sachent qu'il n'est jamais ni trop tôt ni trop tard pour affronter ou provoquer ces moments-là.

Il faudra alors que chacun, avec méthode et discernement, se pose les bonnes questions le concernant et apprenne à se connaître. C'est aussi un objectif de ce livre. En effet, c'est en se connaissant soi-même, en s'écoutant avec attention, que chacun pourra consolider une image positive de soi. Cette étape préliminaire est indispensable pour envisager son avenir, faire les choix qui rendent la vie harmonieuse, trouver la force de se motiver, et enfin affronter les inévitables obstacles pour se réaliser. Cette première phase, fondatrice de presque toutes les sagesses orientales, une fois menée à son terme, permet d'accroître ensuite l'intelligence émotionnelle, l'intelligence relationnelle, et enfin l'intelligence créatrice, point fort des adultes surdoués, point faible de toutes les pédagogies. À chacun selon sa nature, selon ses forces et ses faiblesses. Ce livre a aussi pour objet de guider ces adultes dans leur recherche d'aide, de déterminer le meilleur moment pour cela et le bon endroit.

Mais alors, comment ce livre se prétendrait-il un guide, un manuel d'usage fructueux, puisque chacun de ceux à qui il s'adresse est, de l'avis même de son auteur, tellement unique ? Au cours de mes années de pratique, dans mon cabinet, mais encore en tant que thérapeute, j'ai rencontré plus d'un millier d'hommes et de femmes **hors norme**. Ils m'ont enseigné que si chacun d'eux était singulier dans son essence, littéralement **extra-ordinaire**, tous partageaient certaines forces, certaines faiblesses, certaines originalités de vues et d'approches. Presque toujours, ils ont en commun d'avoir rencontré les mêmes problèmes pour nommer et analyser leurs souffrances, et résoudre harmonieusement leurs déceptions en amour, en amitié, en famille ou dans le monde du travail. Tous ont été des enfants précoces, dont les complexes, les difficultés, la vision du monde, se sont mués, à l'âge adulte, en un déficit de confiance en soi ; tous ressentent une frustration parce que leurs aspirations fondamentales restent inassouvies ; tous sont censurés dans leur réalisation par leur entourage que leur « originalité » effraie et que leur différence rebute. Et, pour une très grande majorité d'entre eux, l'inquiétude qu'ils suscitent les contraint à recourir à une fausse identité, à un mimétisme social de circonstance qui les étouffe. Alors, il leur revient, du plus lointain de leur enfance, l'attente d'une permission à se vivre tels qu'ils sont que personne ne peut plus leur donner…

C'est ce désir de liberté, l'espoir que leur différence ne soit plus un enfermement que tous partagent. Cet ouvrage a été conçu dans le but de satisfaire ce désir, cet espoir, et de donner la clé des démarches personnelles à entreprendre, des étapes indispensables à franchir pour y parvenir. Je serais heureuse si ces adultes qui liront les pages qui suivent, ces êtres si riches et si singuliers, dont la fréquentation m'a ouvert tellement d'horizons et tant apporté, y percevaient alors cette permission, et qu'ils entreprenaient alors d'embrasser pleinement leur destin et de chercher une voie. Je serais heureuse si, cette voie enfin identifiée, ils s'épanouissaient et s'en trouvaient comblés, enfin débarrassés du sentiment de culpabilité qui les lamine, sans qu'ils aient l'impression de se conduire égoïstement ou de priver les autres.

Qu'ils soient enfin fiers de leur différence, et prêts à jouir de toutes les richesses qu'elle leur offre.

1.

Comment reconnaître un adulte surdoué ?

Avant d'aborder la question qui ne cesse de mobiliser mon travail de psychologue clinicienne depuis vingt-cinq ans, et d'énoncer les conseils propres à pallier les échecs temporaires et le mal-être général, il faut définir en quoi consiste cette différence, ce qui la caractérise, la façon dont elle est ressentie par ceux qui la portent, comme par ceux qui la perçoivent.

Qu'est-ce qu'être différent ?

« Être différent » est une expression à la mode, qu'on entend beaucoup dans les films américains. « Il faut l'aimer car il est différent », « il faut l'accepter même s'il est différent » sont sans doute, avec leur corollaire « nous sommes une famille », les propos qui reviennent le plus souvent dans les dialogues des comédies ou tragicomédies fabriquées outre-Atlantique. Ils révèlent à la fois le besoin vital de s'individualiser dans un monde qui tend à la globalisation, à l'uniformité, à la pensée unique et aux mots d'ordre, et la difficulté que rencontrent ceux qui ne pensent pas, n'agissent pas ou n'existent pas de la même façon que la grande majorité des hommes et des femmes qui les entourent.

La différence peut être perçue comme un avantage ou un handicap, selon la réaction du monde extérieur, et surtout celle de l'individu dans son rapport avec celui-ci. Si le monde extérieur juge, la personne qui se sent différente émet elle-même un jugement sur cette différence. Quelqu'un de très grand peut marcher le dos courbé dans l'espoir de faire oublier sa taille ou choisir d'embrasser une carrière de basketteur ou de mannequin ! De la même manière, lorsque la différence est d'ordre intellectuel, la personne concernée peut tout autant choisir de la cacher pour ne pas heurter le groupe et mieux s'y intégrer, ou l'utiliser pour accéder à des formations de haut niveau.

C'est donc bien ce que l'individu « différent » associe à sa différence qui pèse sur son comportement général, sur son rapport avec le monde, donc sur le chemin qu'il emprunte. Ce ressenti déterminera en grande partie ses choix de vie, et ce d'autant plus que cette différence sera tolérée ou non par la société dans laquelle il évolue. Ainsi, être noir, homosexuel ou femme n'a rien de négatif en soi. Mais ces caractères peuvent devenir discriminants en fonction du jugement que le milieu porte sur eux, même si l'individu différent n'est jamais tenu d'épouser les préjugés ambiants. Mais nous avons tous appris, dans notre enfance, à mettre des étiquettes sur les autres. Dès la moyenne section de maternelle, on demande à l'enfant de trouver « l'intrus ». En grande section, il doit identifier « le même » parmi une série d'éléments voisins. Quand il entre à l'école primaire, chaque individu sait donc comparer, inclure et exclure. On connaît la cruauté permanente du groupe pour celui qu'il a catalogué comme intrus. On mesure, à l'aune de la peine éprouvée, le poids de la différence dans la vie d'un homme ou d'une femme… Et même si, en vieillissant, hommes et femmes s'insensibilisent au regard que les autres portent sur leurs particularités, il n'en reste pas moins que beaucoup de souffrances et d'inhibitions ont déjà réduit leurs choix et bouché leur horizon.

Celui qui est différent apprend très tôt, souvent dans la plus grande solitude, à se protéger psychiquement des difficultés intimes qu'il rencontre. Certains vont de l'avant et réussissent. D'autres mettent au point un clivage entre, d'une part, leur personnalité profonde et les valeurs auxquelles elle est attachée, et, d'autre part, une personnalité d'apparence, sorte de masque qu'ils revêtent pour se mettre à l'abri et s'intégrer. D'autres encore ont recours à l'autodérision pour se faire accepter et écartent systématiquement les questions gênantes qui pourraient mettre en cause leur « normalité ». Mais ces contournements ne changent rien à leur situation : quoi qu'ils fassent, ils seront toujours différents.

La différence que j'évoque n'est pas une impression vague née d'une difficulté à s'adapter au monde, encore moins d'une pathologie psychologique. Elle est celle d'une population particulière, que j'appelle les surdoués adultes. Elle est quantifiée par une série de tests dont nous parlerons un peu plus loin dans cet ouvrage. Elle induit un mal-être caractéristique chez l'adulte surdoué, sur lequel nous reviendrons aussi, et d'année en année, s'il n'est pas corrigé, entraîne un abattement, une aboulie, voire un comportement dépressif qui conduisent à l'échec affectif, social et professionnel. Le danger est d'autant plus grave que la diversité est exacerbée par une société qui, paradoxalement, la supporte de moins en moins à mesure qu'elle l'érige en droit et la marginalise, l'excluant ainsi de plus en plus. De fait, parallèlement aux voix, toujours plus nombreuses, qui aujourd'hui se font entendre pour revendiquer le droit de penser, d'agir ou de vivre différemment, la société fabrique des anticorps de plus en plus puissants pour stigmatiser et rejeter ceux qu'elle réduit à leur altérité. Et lorsque l'adulte surdoué cumule, avec son QI hors norme, une autre différence – parce qu'il est homosexuel, femme ou étranger –, alors l'« autre » qu'il incarne aux yeux de la masse, cet « autre devient le purement autre, le rien qu'autre, le seulement autre », pour reprendre l'expression du psychologue Claude Geets dans « La peur de la différence[1] ». Les deux différences cumulées amplifient la souffrance : à l'extrême intelligence s'associe l'extrême lucidité et, de là, une très grande vulnérabilité, deux sources majeures de fragilité psychique. L'intense personnalité de l'adulte surdoué, sa complexité et sa capacité à se motiver peuvent sommeiller, être bâillonnées, contenues, mais elles ne meurent jamais. Il reste différent « quantitativement » et « qualitativement ».

Chaque individu tend à la différence et défend sa singularité, que ce soit par sa manière d'être, de vivre ou de s'habiller. Chacun marche, comme un funambule, en équilibre sur cette ligne qui distingue la peur de perdre son moi, de se fondre, de se confondre avec la foule anonyme, et celle d'être exclu, rejeté, voire banni par la communauté des êtres humains qui l'entourent. Pour les adultes surdoués, le fil est ténu. Leur tentation est grande de confondre « différent » et « anormal ». Infranchissables pour certains

---

1. Claude Geets, « La peur de la différence », *Pensée plurielle*, 2003, nº 5, vol. 1, p. 7-16.

d'entre eux, les frontières avec « le commun des mortels » se sont brouillées pour beaucoup d'autres. Le mal naît souvent d'une impossibilité à définir quelle forme de pensée est la sienne, une interdiction de se poser enfin la question « Qui suis-je ? », d'approcher même l'hypothèse qu'il pourrait être cet adulte doué d'une intelligence aiguisée, plus efficiente que celle des autres.

Le plus grand nombre des adultes dotés d'une surefficience intellectuelle, quand ce diagnostic leur est confirmé, le réfutent d'ailleurs dans un premier temps. Surdoué, pour eux, ne s'applique qu'aux enfants et, comme l'innocence, ce talent doit passer avec l'âge. Ils pensent aussi, comme beaucoup, que l'adulte surdoué le manifeste dans une réussite exceptionnelle, sanctionnée par une carrière universitaire éblouissante, par un triomphe dans les domaines les plus réservés, tels ceux des mathématiques, de la physique ou de l'entreprise de haut niveau. Et pourtant, il suffit qu'il pose cette hypothèse et qu'il la vérifie, et tout l'écheveau d'interdits, d'incompréhensions, de culpabilité qui le noue depuis son enfance se défait. Il comprend alors qu'il lui faut accepter ce qui fait sa différence, et tolérer les délices et les amertumes de son intelligence. Les délices, c'est ce qu'il a toujours rêvé, dans le secret quelquefois enfoui au plus profond de sa mémoire, de devenir ou de réaliser un jour. L'amertume, c'est le constat qu'une grande intelligence, si elle est applaudie et acclamée dans la théorie, est piétinée, contestée et souvent haïe dans la vie quotidienne. Mais c'est elle, comprise, travaillée, épanouie, qui lui permettra justement de s'adapter à ces obstacles.

Nous le verrons aussi, la différence n'est pas seulement source de maux. Dès lors que le surdoué comprend qu'elle n'est pas un handicap mais peut être un véritable atout et permettre de jeter les bases de l'excellence, sa vision sur le monde se transforme. Bien sûr, il y a, et il y aura toujours, sur le parcours de tout adulte surdoué des individus incapables de comprendre l'originalité et la richesse de cette personnalité, et, partant, déterminés à lui mettre des bâtons dans les roues. S'il ne possède pas les recettes ni les aptitudes pour gérer et répondre à ce type d'opposition, le surdoué peut alors renoncer à lui-même, à son épanouissement, développer un certain dépit. Il a trop fait l'expérience des vagues que suscite son désir de s'impliquer pour améliorer ou modifier une situation ; il s'est souvent fatigué du dilemme auquel il est constamment confronté : se faire remarquer en exposant ses idées, ou se taire et se fondre dans la masse. Mais s'il réalise combien cette différence est un atout, combien il doit utiliser ses forces pour la travailler et non pas les gaspiller à la contourner et à occulter ce qui le rend unique, alors il ressaisira sa vie et deviendra enfin, selon l'expression de Nietzsche, « celui qu'il est ».

Encore faut-il que ces adultes sachent qu'ils sont « surdoués », ou mentalement surefficients. Or la plupart n'ont pas été testés dans leur enfance. Comme ils ignorent leur « surdouance », lorsqu'ils rencontrent des difficultés ou connaissent des échecs répétés dans leur vie d'homme ou de femme, ils sont enclins à se mésestimer et à se dévaloriser, voire à se culpabiliser et à se mortifier.

Il faut savoir que la surdouance ne disparaît ni ne diminue avec l'âge. Elle aurait plutôt tendance à s'accroître et, avec elle, les caractéristiques qui la rendent tellement inadaptable à une vie en communauté. Ainsi, l'hypersensibilité et le perfectionnisme s'intensifient. Et si elles ne trouvent pas d'exutoire, ou même d'explication rationnelle dans le diagnostic établi de leur surefficience intellectuelle, ces particularités sont vécues comme des tares et aggravent l'isolement et l'enfermement. On ne compte plus le nombre d'individus surdoués qui consultent parce que leurs proches leur ont conseillé « de voir quelqu'un » et qui, mal diagnostiqués, voient leurs singularités traitées comme des troubles du comportement !

Dans la même logique, les adultes surdoués ont tendance à regarder leurs propres capacités comme naturelles, alors qu'ils reconnaissent comme brillants ceux qui ont des aptitudes différentes des leurs. En bref, ils se sentent différents, n'en saisissent pas la cause, et souffrent. Comme l'a écrit Emmanuel Kant à propos de ces êtres dotés d'une intelligence très supérieure : « Celui qui y est destiné se pénètre *spontanément* d'un esprit de modestie ; de la méfiance envers ses propres talents qui consiste à ne pas décider seul, mais à prendre en considération le jugement des autres[1]. » L'aide première que peut dès lors apporter un clinicien, dans ses consultations, une fois le diagnostic de la surdouance confirmé, c'est d'établir avec le consultant un tableau des différences qui le singularisent, pour qu'il saisisse enfin combien elles sont « pertinentes » dans la construction de sa vie et la réalisation de ses projets ; c'est aussi de lui faire prendre conscience combien l'insertion a un prix, parfois exorbitant, et repérer les écueils et les difficultés qui peuvent, à long terme, induire frustration, anxiété et colère. Bref, lui offrir enfin l'opportunité d'observer, avec acuité, le portrait-robot de son double – celui de l'adulte surdoué –, différent autant qu'il l'est, et apprendre ainsi à se connaître.

1. Emmanuel Kant, *Anthropologie du point de vue pragmatique*, Paris, Vrin, 1994, p. 29.

Qu'est-ce qu'un adulte surdoué ?

Un adulte surdoué est un enfant « précoce » qui a grandi. La formule peut sembler relever d'une lapalissade. Pourtant, il est essentiel de rappeler cette vérité. La « douance », selon un barbarisme à la mode, ou le « haut potentiel », ou la surefficience intellectuelle, ou encore ce que les Américains appellent « *gift* », n'apparaît pas à l'âge adulte comme une qualité qui surgirait avec retard. La précocité de l'individu est congénitale. Il naît doté de cette supériorité d'intelligence et il la garde. Cependant, son milieu social, le pays dans lequel il vit, son éducation peuvent occulter cette qualité, tout comme ils peuvent aussi la développer ou, en tout cas, favoriser son « dépistage » par une batterie de tests, ainsi que par la consultation de psychologues ou de psychiatres spécialisés dans ce phénomène.

Il est donc impossible, si l'on veut avancer, de faire l'impasse sur la question de la précocité, comme il est impossible à un clinicien d'aller plus avant avec un consultant chez qui il la soupçonne, sans la diagnostiquer au moyen de tests précis (dont le fameux test de quotient intellectuel, le QI), tous mis au point et avérés, et dont les résultats sont interprétés en fonction de standards adaptés à l'individu qui consulte. Comme la plupart des parents que je reçois en consultation, pourtant avertis et souvent bien documentés, les adultes qui s'adressent à moi au sujet d'un questionnement personnel, même lorsqu'ils se rappellent avoir été testés dans leur enfance, manifestent la même curiosité, la même inquiétude. « Qu'est-ce qu'être surdoué ? », me demandent-ils, comme s'il s'agissait d'une espèce de maladie dont ils voudraient connaître l'évolution et les symptômes. Souvent, je songe à Claire et à sa réapparition dans mon cabinet, seule, quelques jours après m'avoir consultée pour ses enfants. Elle s'était reconnue dans mon exposé sur la douance et, tout en affirmant qu'il ne pouvait s'agir d'elle, elle n'avait pas résisté au besoin de parler de son enfance, du rôle subalterne que son père lui avait réservé dans l'entreprise familiale quand ses frères accédaient aux postes de direction. Elle avait étouffé sous le joug de la tradition familiale et de sa condition de femme, toujours déchirée entre la résignation et un désir irrépressible de faire sauter les verrous et d'aller de l'avant… Dois-je préciser que Claire a passé les tests avec brio ?

Le terme de « surdoué » est un néologisme employé pour la première fois par Léon Daudet dans son livre *La Recherche du Beau*[1], et repris en 1959 par le psychiatre Julian de Ajurriaguerra dans son *Manuel de psychiatrie de l'enfant*[2] : « On appelle enfant surdoué celui qui possède des aptitudes supérieures qui dépassent nettement la moyenne des capacités des enfants de son âge. » Aujourd'hui, « surdoué » désigne les enfants ou adultes dont les capacités intellectuelles dépassent la norme établie, mais ce mot est un peu délaissé au profit de « haut potentiel » ou d'« intellectuellement précoce ». Il définit les individus dotés d'une intelligence exceptionnelle qui se manifeste à travers des réalisations exceptionnelles.

Tout d'abord, je tiens à préciser que j'ai choisi de parler de surdouance et non de précocité dans le cas de l'adulte pour des raisons évidentes. Être précoce, pour un enfant,

1. Léon DAUDET, *La Recherche du Beau*, Paris, Flammarion, 1932.
2. Julian de AJURRIAGUERRA, *Manuel de psychiatrie de l'enfant*, Paris, Masson, 2001.

induit souvent que celui-ci n'est pas plus intelligent que les autres, mais qu'il l'est plus tôt et qu'il sera rattrapé par les autres ensuite. Avec l'adulte, le terme précoce trouve les limites qu'il porte déjà en lui quand il s'applique à l'enfant. En quoi un adulte serait-il précoce ? La précocité devient alors « douance », surefficience intellectuelle, « *gift* » pour les Américains.

Comment la mesure-t-on ? Sachant que l'intelligence recouvre l'ensemble des fonctions mentales dévolues à la connaissance conceptuelle et rationnelle, des tests ont été élaborés pour calculer la capacité intellectuelle globale de chaque individu, ainsi que son aptitude à s'adapter à des situations nouvelles, à découvrir des solutions aux difficultés qui se présentent à lui. Cette batterie de tests a été mise au point en grande partie en 1939, par le psychologue américain David Weschler. Ses résultats sont notés sur une échelle de 0 à 150 et plus. La note 100 est considérée comme le quotient moyen. La valeur du QI ainsi obtenue permet de classer le sujet testé dans l'un des sept groupes suivants :

- supérieur à 130 (2,2 % de la population) : intelligence très supérieure, sujet surdoué ou intellectuellement précoce ;
- de 120 à 130 (6,7 % de la population) : intelligence supérieure ;
- de 110 à 120 (16,1 % de la population) : intelligence moyenne forte ;
- de 90 à 110 (50 % de la population) : intelligence normale ou moyenne ;
- de 80 à 90 (16,1 % de la population) : intelligence moyenne faible ;

- de 70 à 80 (6,7 % de la population) : intelligence limitée ;
- inférieur à 70 % (2,2 % de la population) : intelligence très faible.

Il existe des adultes surdoués dans toutes les classes sociales. S'ils semblent plus présents dans les milieux favorisés, c'est qu'ils ont plus de chances d'y être reconnus et diagnostiqués. Il existe des surdoués dans des zones géographiques très différentes, dans un très grand nombre de professions, à tous les âges et dans toutes les strates économiques ; à Paris comme dans les petites villes de province, quel que soit le milieu culturel, bourgeoisie traditionnelle ou communauté d'immigrés.

Comme pour les enfants précoces, le test du QI ne prend pas en compte la psychologie de l'adulte surdoué ni son rapport avec le monde, autant d'aspects qui ont façonné, depuis son enfance, l'épanouissement de son intelligence. De même, il ne la définit pas entièrement. La douance est avant tout un état d'esprit, un regard sur le monde, un ensemble de traits vraiment particuliers que l'on peut vérifier dans la quasi-totalité des cas.

La douance intéressait déjà Platon dans *La République*, mais on ne s'est réellement attaché à l'étudier que tardivement. Elle continue, hélas, d'être davantage assimilée à une expérience intime et personnelle, une singularité, au même titre qu'être roux, qui s'exprimerait à travers des productions très complexes (comme les formules mathématiques d'Einstein ou des créations artistiques marginales), plus qu'à un véritable enjeu pour notre société, pour les richesses qu'elle induit et qu'on laisse en friche, et pour les souffrances individuelles qu'elle instille et qu'on pourrait éviter.

La communauté scientifique reste d'ailleurs beaucoup plus investie dans l'étude de sa nature, de certains des « dons » qu'elle induit – tels la télépathie, la prémonition, la synesthésie –, des parties du cerveau qu'elle sollicite particulièrement, que par les rapports que les surdoués peuvent entretenir avec la société qui les entoure. Lorsqu'on sait que cette population représente à peine 2 % de la population générale, on peut à la fois la trouver trop marginale pour accaparer l'attention et trop importante pour la bouder plus longtemps.

La France a été le premier pays à s'intéresser à la question de la douance. En 1905, le gouvernement français avait demandé à Alfred Binet, directeur du Laboratoire de psychologie physiologique de la Sorbonne, d'étudier le développement psychologique des enfants. Cette étude a donné naissance au premier test de « niveau mental », une échelle de mesure reprise trois ans plus tard par Lewis Terman, un psychologue américain ravi de disposer d'un outil pour évaluer et comparer les intelligences. Terman a tenté d'approfondir les thèses de Francis Galton, publiées en 1869 dans l'ouvrage *Hereditary Genius*, qui posaient le génie comme une composante héréditaire. J'ai exposé en détail, dans mon précédent ouvrage[1], l'histoire des « Termites », ces 1 444 enfants testés dès la petite école, dotés d'un QI égal ou supérieur à 140, et suivis durant toute leur vie, puisque leur moyenne d'âge était de soixante-dix-huit ans lorsqu'en 1995 fut publiée la dernière étude qui leur était consacrée, par les disciples de Lewis Terman, décédé en 1956. Même s'il souffre d'inexactitudes et de particularismes dus à

1. Monique de Kermadec, *Pour que mon enfant réussisse. Le soutenir et l'accompagner*, Albin Michel, 2010.

l'époque et au choix de la population, ce travail a fourni aux cliniciens une foule de renseignements toujours valides. Il a enthousiasmé de nombreux psychologues et ouvert la voie à une multitude d'autres études, au point qu'en 1994, un Centre fédéral de recherche sur les surdoués a été créé aux États-Unis. Ce Centre coordonne les travaux de cinq universités, de trois cent soixante écoles et de quelque cent soixante-dix chercheurs. Il s'est associé à une petite centaine d'universités, américaines et canadiennes. Ses scientifiques portent aujourd'hui leur attention sur 250 000 enfants...

Dans les grandes lignes, concernant l'adulte surdoué, l'étude de Terman a permis d'établir que, parvenus à trente-cinq ans, les surdoués qui avaient le mieux réussi n'avaient pas connu de succès particulièrement exceptionnel, qui les sorte du lot commun, hormis Ray Bradbury, l'écrivain de science-fiction. Aucun n'avait embrassé ces carrières auxquelles leur QI et l'attention qu'on leur avait portée les appelaient pourtant... Ces mêmes travaux ont aussi posé les raisons expliquant pourquoi, à QI égal, à résultats scolaires à peu près équivalents au collège et au lycée, certains n'avaient pas passé le cap des deux premières années universitaires : chez tous ceux qui avaient échoué, Terman a mis au jour un manque presque pathologique de confiance en soi, d'estime de soi et de persévérance. Le taux de divorce était deux fois plus élevé pour ces individus que pour les Termites qui avaient le mieux réussi. Terman s'est aussi penché sur l'environnement familial de ce même groupe, et a constaté que leurs pères, frères et sœurs avaient fréquenté l'université et les grandes écoles dans une proportion trois fois moindre que ceux des Termites qui avaient réussi.

Sans tirer de conclusions trop hâtives, ces constats confortent ma conviction personnelle : plus il est coupé d'un milieu intellectuel qui lui ressemble, c'est-à-dire plus il est **différencié**, plus l'adulte surdoué développe un mal-être, une angoisse due à ce sentiment diffus de différence, voire une aboulie. D'ailleurs, aujourd'hui, la majorité des psychologues et des cliniciens reconnaissent que l'intelligence définie par les tests – à savoir celle recouvrant l'ensemble des fonctions mentales dévolues à la connaissance conceptuelle et rationnelle –, qui n'est rien d'autre que la capacité à résoudre rapidement et correctement des questions logiques, n'assure en rien une aptitude à faire de bons choix ou à s'adapter harmonieusement à la vie réelle. Tous s'accordent à dire que si, enfant, l'adulte surdoué a vécu un échec scolaire ou rencontré des difficultés dans ses études, il se heurtera dans le monde professionnel aux mêmes difficultés, mais cette fois décuplées par la compétition.

Cette observation est d'ailleurs confortée par une étude réalisée à partir de l'annuaire que publie la MENSA[1], association qui accueille et répertorie les adultes détenteurs d'un QI de 130 et plus. Ce *Who's Who* particulier offre une mine de renseignements pour qui s'intéresse à la situation des adultes dotés de surefficience intellectuelle. Ainsi, les résultats de cette recherche montrent que les surdoués adultes seraient plus à l'aise devant une machine que face à des interlocuteurs en chair et en os : en grande majorité, ils se sont dirigés dans les activités informatiques, électroniques,

1. La MENSA publie chaque année un annuaire qu'elle distribue à ses membres ou que ceux-ci peuvent consulter sur le site www.mensa-idf.org.

dans les finances et la comptabilité. Un nombre important d'entre eux a choisi les professions de la santé : médecins, dentistes ou pharmaciens. Viennent ensuite, par ordre d'importance, ceux qui ont opté pour les métiers de l'éducation, où la part des femmes est sensiblement égale à celle des hommes. Parmi elles, de nombreuses psychologues se consacrent d'ailleurs aux enfants précoces. On compte enfin, dans une proportion moindre mais toujours significative, des hommes qui ont choisi d'embrasser une carrière militaire. Mais la constatation la plus étonnante que prodigue la consultation de cet annuaire reste le nombre particulièrement élevé de surdoués adultes qui ne déclarent aucune activité professionnelle, soit qu'ils en aient honte, soit qu'ils soient effectivement sans emploi. En contrepartie, tous ceux-ci ont abondamment rempli la place réservée aux activités personnelles et, pour la plupart, circonscrites dans des domaines de l'esprit et du rêve, philosophie ou ésotérisme, astronomie ou science-fiction.

Il existe beaucoup moins d'études portant sur l'adulte surdoué que d'études portant sur la précocité de l'enfant. Le suivi des enfants précoces devenus adultes, l'intérêt de certains psychologues, la curiosité des chercheurs, encouragés par les progrès des neurosciences et leurs perspectives, ont toutefois sensibilisé la communauté scientifique à cette question. Le matériel d'étude de départ, nous l'avons vu, a été constitué par Terman et Oden, en 1947, dans un compte rendu intitulé « L'enfant précoce grandit » et publié à l'université Stanford. En 1959, les deux psychologues faisaient un nouveau point sur le groupe parvenu à l'âge de trente-cinq ans. Enfin, en 1977, R.R. Sears s'est plus particulièrement penché sur les questions du confort de vie, d'indice de satisfaction des Termites au terme de leur vie, puis sur celle des Termites de sexe féminin en particulier. Enfin, travail de référence lui aussi, l'essai de Bloom, publié en 1964, « Stabilité et changement dans les caractères humains », posait les questions fondamentales du devenir et des singularités de l'adulte surdoué.

La plupart du temps, la littérature existant sur l'adulte « à haut potentiel » n'étudie pas l'impact social des traits de caractères évoqués. Néanmoins, en 1984, le psychologue Michael Piechowski[1] a souligné la difficulté de la société à comprendre et à apprécier la personnalité des surdoués, et l'inquiétude que leurs comportements suscitent en général. Cependant, depuis les premiers travaux et grâce à ceux qui s'inscrivirent ensuite dans cette lignée, plusieurs principes fondamentaux ont été vérifiés et posés comme base de référence pour les cliniciens et les psychologues. Ainsi, il a été établi que les dons de l'enfant précoce ne se perdent pas avec l'âge, que certains enfants précoces accomplissaient leur destin d'individus à haut potentiel et en étaient satisfaits. Sears, en 1977, a conclu qu'arrivés à la soixantaine, la plupart des adultes surdoués avaient connu les mêmes insatisfactions dans leur vie de famille que la majorité de la population. Sears et Barnabee ont souligné, en 1977 encore, que les femmes surdouées qui se déclaraient les plus satisfaites de leur vie étaient celles qui avaient bénéficié d'une éducation privilégiée et d'expériences fructueuses dans leur jeunesse. En 1980, Dunn et Price ont fourni la preuve que, au contraire des individus d'intelligence normale, les surdoués pouvaient se passer d'encadrement théorique pour réfléchir. En 1982, Powell posait comme acquis le besoin

1. Michael PIECHOWSKI et Nicholas COLANGELO, « Developmental Potential of the Gifted », *Gifted Child Quaterly*, 1984, n° 28, p. 80-88.

chez tous de comprendre, de connaître, et de rechercher l'origine d'une idée, et la structure logique inhérente au réseau d'informations qu'on leur propose... Et récemment, en 2003, Annick Bessou, gériatre, et Jeanne Tyrell, psychologue, ont mené une étude sur 28 surdoués de soixante-cinq ans et plus et conclu que, si les seniors surdoués étaient plus anxieux et plus déprimés que la moyenne, ils ne cessaient pas pour autant, dans une quasi absolue majorité (97 % des sujets testés) de faire des projets d'avenir.

Bref, petit à petit, les fondements même de ces personnalités hors du commun ont pu être mis en lumière, recoupés, validés et acceptés. On peut ainsi, aujourd'hui, sans trop d'erreur, dresser le portrait de cet adulte à fort potentiel qui nous intéresse.

Portrait de l'adulte surdoué

Outre l'essence même de son intelligence, que nous verrons un peu plus loin, il est nanti de traits de personnalité qui le singularisent et qu'on ne peut, d'emblée, assimiler aux caractéristiques de l'intelligence telle que nous la définissons habituellement.

Ainsi, pour la plupart des adultes surdoués, on note une intensité exacerbée des émotions et de l'expression de leurs sentiments.

On note aussi une hyperperception de leurs cinq sens et un don réel de lucidité.

On retrouve aussi, chez tous, une grande maladresse en société, notamment dans leurs interventions en public.

Mais pour établir ce portrait avec le plus de rigueur possible, commençons par distinguer quatre formes d'intelligence, aujourd'hui clairement définies par les psychologues : cognitive, émotionnelle, relationnelle et créative. Pour chacune d'elles, les caractéristiques qui suivent sont classées de la plus fréquente à la plus rare.

Pour ce qui concerne l'intelligence cognitive

- Capacité exceptionnelle à raisonner et goût pour le raisonnement ;
- Esprit de synthèse et compréhension immédiate (pensée magique) ;
- Soif d'apprendre ;
- Attirance pour la complexité, la difficulté dans le choix des problèmes à résoudre ;
- Indépendance d'esprit dans l'apprentissage, tendance à l'autodidactisme ;
- Large vocabulaire, facilité d'élocution, plaisir et attirance pour les mots, les expressions verbales ;
- Compréhension rapide des nouveautés ;
- Excellente mémoire à long terme ;
- Saisie aisée des concepts mathématiques ou scientifiques ;
- Goût vorace pour la lecture ;
- Élaboration de pensées abstraites ;
- Capacité à travailler en même temps, intellectuellement, sur plusieurs pistes ou disciplines différentes.

Pour ce qui concerne l'intelligence émotionnelle

- Hypersensibilité ;
- Sens aigu de l'humour et du comique de situation ;

- Sens aigu de l'observation, perspicacité sur les sentiments d'autrui ;
- Sentiments passionnés, affections compulsives ;
- Sensibilité extrême aux changements subtils d'atmosphère ;
- Introversion ;
- Tolérance pour l'ambiguïté ;
- Capacité à envisager un problème sous différents angles, différents points de vue ;
- Sens du merveilleux et capacité à l'émerveillement ;
- Ouverture aux expériences nouvelles ;
- Stabilité émotionnelle, sérénité.

Pour ce qui concerne l'intelligence relationnelle

- Tendance marquée à questionner ou à contester l'autorité, à poser des questions embarrassantes ;
- Propension au non-conformisme ;
- Sentiment d'une différence, d'un décalage permanent avec les autres ;
- Sentiment d'enfermement et de solitude ;
- Très grande propension à la compassion ;
- Très grande propension à l'empathie, à aider les autres à se comprendre eux-mêmes.

Pour ce qui concerne l'intelligence créative

- Très grande propension à l'invention ;
- Grande originalité dans l'imagination et la création ;
- Curiosité insatiable ;
- Idées inhabituelles ;

- Tendance à connecter entre elles des idées traditionnellement opposées ou indépendantes les unes des autres, à marier les concepts ;
- Imagination vivace et permanente, déployée dans tous les domaines d'activité, de la plus intellectuelle à la plus pragmatique et quotidienne.

Pour parachever le tableau de l'adulte surdoué, il faudrait ajouter ses qualités morales. Là encore, l'étude de ces individus a permis de dégager un certain nombre de points communs, dont on verra qu'ils ne sont pas sans conséquence dans leurs rapports avec leur entourage, affectif ou professionnel :

- Les adultes surdoués sont des perfectionnistes qui ont tendance à placer la barre toujours très haut, pour eux-mêmes et pour les autres ;
- Ils sont plus sensibles aux défis personnels qu'aux récompenses décernées par la société ;
- Ils sont préoccupés par les questions mystiques, par la recherche de vérité et la découverte d'un sens à la vie ;
- Ils aiment les défis et les prises de risque ;
- L'injustice, les conduites immorales les indignent. Ils possèdent d'ailleurs de fortes convictions morales, un sens de l'intégrité et de l'honnêteté ;
- Il arrive, pour un petit nombre d'entre eux, qu'ils soient visionnaires et qu'ils pressentent, pour leur vie, un destin à accomplir ou une mission personnelle à conduire ;
- Ils aiment passionnément les discussions ardentes, la sincérité et la tolérance ;
- Ils sont en général dotés d'une grande énergie, d'une formidable capacité d'attention et d'effort, de concen-

tration exceptionnelle dans les domaines qui les attirent ;
- Ils peuvent travailler jusqu'à l'épuisement ;
- Ils ont sporadiquement besoin de contemplation et de solitude ;
- Ils sont hypersensibles à leur environnement, dans toutes les acceptions du terme : changement de température, sons incongrus, parfums, dissonances, fautes de goût, matières des meubles, des tissus et des vêtements ;
- Par manque de confiance en eux, ils ont tendance à l'autodérision, à l'autocritique, voire à l'autodénigrement.

Les conséquences des traits de personnalité du surdoué

Les psychologues qui se sont intéressés aux adultes surdoués, travaillant en partie sur les études menées par Terman ou Torrance, en partie sur celles effectuées auprès d'individus en consultation, et rassemblées, ont extrait cinq traits de caractère récurrents chez les surdoués. Ils ont établi par ailleurs que ces cinq traits étaient source de conflits aussi bien internes qu'avec l'entourage.

Quels sont ces traits ? Il s'agit de la divergence dans les points de vue, l'excitabilité, la sensibilité, la clairvoyance et le perfectionnisme. Tous font partie intégrante de la personnalité du surdoué. Bien sûr, ils sont plus ou moins présents chez chaque individu. Tout dépend, pour chacun, de l'influence d'autres facteurs, la tendance personnelle à l'introversion ou à l'extraversion, le fait d'être plus ou moins tolérant, ouvert d'esprit, émotif... Sans effet notoire dans l'intimité, ils se révèlent très influents dans les rapports sociaux, où leur manifestation peut être décodée de façon positive comme de façon négative.

La divergence

C'est la tendance à raisonner de manière radicalement différente de tout un chacun. Le surdoué répond aux questions ou réagit toujours de façon originale, inattendue et très créative.

D'un point de vue positif, cette indépendance d'esprit et cette originalité séduisent dans les milieux où elles sont requises : création artistique, recherche, création d'entreprises. La plupart des théoriciens en sciences, des écrivains, artistes, compositeurs et des philosophes ont des vues divergentes sur le monde et sur leur propre domaine de réflexion. Ce trait offre de plus une grande indépendance d'esprit, et permet de prendre du recul, de la hauteur, et de trouver rapidement des solutions, tant aux conflits interpersonnels qu'aux conflits sociaux, noués depuis longtemps. Dans le milieu professionnel, ce contrepoint à l'avis général secoue les habitudes, bouscule les stéréotypes, entraîne l'ouverture d'esprit et pousse au challenge. En société, elle autorise le groupe à remettre en question les conformismes sociaux, donne l'exemple d'une plus grande liberté intellectuelle, et encourage les plus timides à rompre avec les conventions qui les étouffent.

D'un point de vue négatif, cette propension à ne pas réfléchir comme les autres, à bousculer les opinions reçues et le prêt-à-penser isole et expose à l'hostilité générale, notamment dans les milieux où la notion de consensus est primordiale. Dans les firmes où la « culture d'entreprise » est fortement imprimée dans les consciences et fortement recommandée, les idées et les propositions singulières sont très vite taxées de fantaisistes. En société, il est rare que cette divergence de vues soit considérée avec bienveillance. Elle peut au contraire être interprétée comme une tendance à la critique systématique, au sectarisme, à l'ironie, dans un espace où la politesse et l'usage commun exigent qu'on se fonde dans le groupe, qu'on en épouse la tonalité générale, où le consensus reste le ciment des relations. La difficulté pour l'individu qui pense et voit autrement est alors de faire face à la pression sociale, sans toutefois perdre son identité, plutôt que de dire son fait et sa vérité au risque d'être très vite exclu du groupe. D'autre part, s'il ne bénéficie d'aucune écoute, celui qui comprend et voit les choses différemment finira par ressentir sa différence comme une aliénation, un défaut, une infirmité. Mal à l'aise en public parce qu'il n'en possède pas les modes d'expression naturels, il y trouvera de moins en moins sa place – soit qu'il soit rejeté par les autres, soit qu'il préfère éviter ces réunions.

L'excitabilité

Elle se traduit par un excès d'énergie allié à une réactivité émotionnelle hors norme et à une perception aiguë de l'environnement, naturel ou social. Particulièrement évidente chez les enfants précoces, cette excitabilité ne doit pas être confondue avec l'hyperactivité. Si leurs manifestations extérieures semblent similaires, elles diffèrent essentiellement en ce que l'excitabilité n'exclut pas la concentration, ni la capacité de catalyser fructueusement son énergie dans la réalisation de projets aussi divers que variés, et de les mener tous à bien.

D'un point de vue positif, cette excitabilité induit un amour du risque et du défi. Il ne s'agit pas de prise de risque au sens où le joueur l'entend, à savoir le risque pour le risque, mais d'un esprit d'entreprise établi sur une parfaite connaissance des dommages possibles, en vue d'un résultat « qui en vaut la chandelle », assorti d'une capacité à savoir s'arrêter au bon moment. Ce trait de caractère conduit l'adulte surdoué à décrocher de nombreux contrats, à ouvrir de nouvelles voies dans les domaines qui l'intéressent. Par là, il prépare la route à ceux qui savent exploiter les retombées de ces découvertes, de ces marchés, de ces idées. Beaucoup d'inventeurs et d'entrepreneurs possèdent ce trait de caractère, qu'avaient d'ailleurs manifesté Thomas Edison et Léonard de Vinci. L'excitabilité est bénéfique quand elle trouve à s'exprimer concrètement, dans un domaine professionnel où l'adulte surdoué aura trouvé une place qui convienne à son abondance d'idées, de projets. La porosité au monde qu'elle induit est source d'inspiration, de renouvellement de la pensée, de questionnement qui ne peut qu'enrichir celui qui en est doté. S'il a foi en ses émotions et agit en fonction d'elles, il s'ouvre au monde avec générosité et ensoleille la vie de son entourage.

Le revers de cette excitabilité réside en ce qu'elle requiert autant d'énergie qu'elle en prodigue. Beaucoup d'adultes surdoués ont des difficultés à endiguer les flots d'émotions et de sensations qui les submergent, à les définir et à les réguler. Le plaisir à découvrir, innover, ouvrir des voies détourne souvent de la nécessité d'aller jusqu'au bout de l'idée pour qu'elle s'accomplisse pleinement. Elle est ainsi souvent associée au personnage qui « commence mille choses et n'en finit jamais aucune » et provoque, dans l'entourage, agacement voire exaspération. De plus, beaucoup finissent par se sentir frustrés de ne pas profiter des fruits et des développements de leurs inventions ou de leurs découvertes, et cette frustration peut finir par se commuer en colère, en jalousie et en aigreur.

La sensibilité

Il s'agit là d'une profondeur de ressenti, d'une empathie exacerbée avec les êtres qui entourent le surdoué. Elle se double d'une extrême sensibilité aux composantes d'un être, d'une atmosphère, d'un lieu. Les sentiments, décuplés en intensité, conduisent souvent les réflexions et les actes.

D'un côté, les gens doués d'une haute sensibilité nouent des relations intenses avec leurs prochains et s'engagent souvent dans l'action sociale. Ils font preuve d'enthousiasme et d'entièreté dans leurs engagements. Les poètes, les journalistes d'investigation, les activistes pacifistes, certains leaders politiques et religieux sont souvent doués de cette forte sensibilité. Tous s'estiment récompensés si leur implication dans le bien-être d'autrui ou les causes perdues est couronnée de succès. Ils s'épanouissent dans l'aide qu'ils apportent, quel que soit le coût personnel de cette empathie et de leur compassion. Les adultes surdoués éprouvent cette sensibilité à l'égard de la nature d'une façon globale. Ils ressentent un sentiment d'appartenance avec le cosmos et l'univers tout entier. Leurs standards moraux et éthiques sont généralement très élevés, et ils ont un sens de la loyauté et de l'honnêteté particulièrement aigu.

De l'autre côté, ces adultes surdoués ne comprennent pas que la majorité de la population ne ressente pas les choses avec l'intensité qui les caractérise. Ils ne supportent pas qu'on n'établisse pas les priorités en fonction des souffrances qu'ils éprouvent avec ceux qui en sont victimes. Ils peuvent se montrer intolérants et psychorigides quant aux choix de vie de leur entourage, s'ils les estiment superflus et superficiels. Ils peuvent aussi devenir dirigistes et imposer leur perception des choses et leurs méthodes. De plus, leur sensibilité à fleur de peau et leur empathie peuvent effrayer. Beaucoup les trouvent excessifs, voire hystériques quand il s'agit de femmes, et s'estiment « volés » de leurs propres peines, de leurs propres histoires quand le surdoué exprime plus de joie ou plus de peine qu'eux-mêmes face à un événement qui pourtant ne concerne qu'eux. Enfin, cette hypersensibilité est aussi une hypervulnérabilité : les malheurs, peines, deuils, catastrophes affectent en profondeur l'adulte surdoué et s'il n'apprend pas à se prémunir contre ces vagues d'émotions – sans perdre pour autant toute son empathie –, voire à les gérer, il peut sombrer dans une dépression ou un désespoir sans fond, et être même conduit au suicide. Pour éviter le pire, il se doit ainsi de chercher à mettre en place un subtil équilibre dans ses sentiments, apprendre à ressentir « avec » quelqu'un, plutôt que « pour » quelqu'un et ne jamais déborder d'émotions, ou tenter de franchir les frontières intimes de l'autre.

La clairvoyance

Elle se traduit par une capacité à percevoir, en même temps, plusieurs aspects d'une situation, à en comprendre les implications et les intrications, à synthétiser immédiatement les données du problème et à entrevoir très rapidement la meilleure solution à adopter. Les adultes surdoués ont le don de deviner les motivations personnelles de chacun, de comprendre ce qui sous-tend une conversation, une attitude, une atmosphère apparemment superficielle. Ils sont doués d'une intuition phénoménale, qui leur permet souvent d'aider les autres à comprendre ce qui les motive, à dénouer des sentiments ou des angoisses qu'ils ne s'expliquent pas. Ils repèrent très vite les incongruités entre apparences et réalité, entre un discours de convenance et le sentiment profond qui l'anime. Le malaise qu'ils en éprouvent leur inculque un besoin vital de vérité, de limpidité et de cohérence. Ils manifestent une forte aversion pour la dissimulation et l'hypocrisie sous toutes leurs formes.

Les adultes surdoués sont souvent perçus comme dotés de pouvoirs surnaturels, d'un don de double vue. Certains religieux, certains leaders politiques, les poètes, les philosophes, les écrivains, les musiciens possèdent à un haut degré cette clairvoyance.

L'aspect positif de ce don est qu'il s'assortit d'une capacité à juger objectivement ses propres actes, à définir en toute transparence les motivations profondes de ses choix personnels, et à aider les autres à faire de même. Très souvent, il pousse l'adulte surdoué à choisir ce qu'il juge être le meilleur pour lui-même, quel que soit le désaveu de son entourage.

D'un point de vue négatif, cette clairvoyance peut provoquer, chez cet entourage, une crainte, un sentiment de vulnérabilité, le désagrément de se sentir percé à jour et, dès lors, méfiance et hostilité. S'il n'apprend pas à taire ce don, son bénéficiaire risque une exclusion qu'il jugera injuste. De plus, pour l'adulte surdoué, sa propension à deviner l'exacte nature de son interlocuteur le plonge souvent dans un sentiment d'inconfort et de perplexité. Plus la distorsion entre la vérité et l'apparence est grande, plus il lui sera difficile d'adapter une réponse, une attitude à cette complexité. L'individu doué de cette clairvoyance est alors partagé entre la tentation de se couper des autres et se réfugier derrière un masque de circonstance, et celle de laisser libre cours à son don et de risquer la mise au ban.

Le perfectionnisme

Il faut entendre ce terme au sens grec d'entéléchie, c'est-à-dire une propension à chercher et à atteindre la perfection de l'âme. Il induit un besoin de perfection profond, consubstantiel à la personne elle-même, et le désir de déployer son être dans toute l'étendue de ses possibles.

Il s'agit donc d'un trait de caractère attrayant pour l'entourage, charmé par cette aspiration au beau, au vrai, au mieux et au dépassement de soi. Il prodigue aux proches le sentiment contagieux qu'ils peuvent, eux aussi, s'accomplir, poursuivre des rêves auxquels ils avaient peut-être renoncé. Les individus dotés d'entéléchie sont des exemples, des modèles qui fondent l'attente d'une société meilleure. Ils teintent les relations sociales de couleurs chaleureuses, d'intimité, de complicité. Prompts à exprimer la profondeur de leurs sentiments, ils encouragent les autres à ouvrir leur cœur, à accorder spontanément leur confiance. Leur capacité à surmonter les obstacles, à ne jamais renoncer, insuffle une formidable énergie aux autres. Ils créent des relations idéales et leurs amitiés traversent des « âges d'or » au cours desquels règne un échange profond, sincère et généreux. Cette entéléchie est la source d'intimités précieuses, de partages fructueux.

Cependant, ceux qui en sont doués peuvent se retrouver submergés de demandes d'écoute, d'égards, de temps, de la part de proches en attente d'affection et incapables de réciprocité. Il leur faut alors trouver le juste équilibre entre ces relations qui nourrissent leurs aspirations profondes et leurs besoins de donner, et celles qui épuisent leurs ressources vitales et accaparent stérilement leur temps. Tant que cet équilibre n'est pas atteint, ces individus oscillent entre culpabilité (de n'avoir pas prêté l'oreille ou tendu la main) et frustration (de n'avoir pas consacré suffisamment de temps à leur propre perfectionnement, de s'être dispersés dans des conversations futiles).

Surdoués : mythes et réalités

Il est rare que l'accueil réservé à l'adulte surdoué soit chaleureux. Le terme de surdoué véhicule toujours le mythe du génie, aussi, en règle générale, le verdict suscite-t-il méfiance et rejet. Soit parce que l'individu d'intelligence « normale » se sent agressé par la surabondance de matière grise de son vis-à-vis, soit parce qu'il craint d'être démasqué dans ses limites, ses manquements, et alors, ridiculisé. Pour cela, l'adulte surdoué a toujours été l'objet de fantasmes, d'idées reçues et d'hostilité qui, en se propageant, ont créé une sorte d'archétype sans rapport aucun avec la réalité. Inutile de préciser que ces erreurs rendent encore plus difficile l'insertion des individus qui en sont l'objet.

Avant même d'entrer plus en détail sur le regard que les surdoués adultes portent sur leur différence et celui que l'entourage porte sur eux, il convient donc de répertorier ces lieux communs et d'énoncer quelles réalités ils cachent. En voici donc quelques-uns parmi les plus courants, qui illustrent clairement cette confusion :

Le surdoué est omniscient et performant dans tous les domaines

L'évolution des conceptions et les progrès des neurosciences ont permis d'établir que l'intelligence ne constituait pas un bloc monolithique, mais qu'elle pouvait être décomposée en plusieurs facteurs. Ainsi, nous savons aujourd'hui qu'elle peut être « fluide » ou « cristallisée ». L'intelligence fluide et l'intelligence cristallisée sont deux grands concepts qui ont été distingués par Horn et Catell en 1966 et 1967. Ces chercheurs ont catégorisé dans l'intelligence dite « cristallisée » les apprentissages qui dépendent de connaissances scolaires ou culturelles, c'est-à-dire tout ce qui touche à la connaissance et à la compréhension. L'intelligence « fluide », elle, regroupe toutes les aptitudes à résoudre les nouveaux problèmes qui ne dépendent pas des apprentissages scolaires ou culturels ; elle traite des composantes du raisonnement. Horn a étendu ces deux catégories d'intelligence à plusieurs aptitudes pour parvenir à une mesure plus pure de l'intelligence. Ce sont l'apprentissage, la mémoire à court terme, la vitesse, la pensée quantitative, l'intelligence auditive et la mémoire à long terme. Nous savons aussi, grâce aux travaux d'Howard Garner, qu'il existe des intelligences multiples, autonomes et indépendantes les unes des autres.

Un test comme le test de Weschler, composé de dix subtests, révèle que les performances ne sont jamais les mêmes selon les individus testés, même lorsque le QI global est le même. Les profils les plus proches seront obtenus avec des jumeaux homozygotes.

Le développement de l'intelligence d'un individu n'est pas homogène. Quelqu'un de très doué peut avoir des faiblesses de raisonnement dans un domaine ou dans un autre.

Les adultes surdoués, en avançant dans la vie, surmontent leurs problèmes d'enfant précoce

Les adultes surdoués sont d'abord des sujets en souffrance. Les problèmes qu'ils ont connus n'avaient pas leur source dans leur jeune âge, mais dans leur précocité, qui perdure, et avec elle toutes les difficultés qui lui sont inhérentes. Celles-ci ne disparaissent donc pas avec le temps. Elles peuvent même s'accroître.

Chaque individu a tendance à reproduire certains scénarios inconscients – on parle de compulsion de répétition –, dans l'espoir de parvenir enfin à une solution satisfaisante.

Or les capacités intellectuelles supérieures se révèlent impuissantes à régir les enjeux affectifs inconscients.

Il y a une limite à l'apprentissage par l'expérience : parce qu'il voit les choses autrement, les comprend autrement, et réagit autrement, l'enfant précoce a pu connaître des relations compliquées avec les autres. S'il n'a pas été éclairé sur la nature de sa différence, si personne ne lui a appris à traduire son mode de pensée dans un langage et une gestuelle communs, il véhiculera ces difficultés toute sa vie. Il les aura simplement transposées dans un univers nouveau, expérimentées avec de nouveaux acteurs.

Les adultes surdoués, grâce à leur intelligence, comprennent bien ce qu'est être surdoué

S'ils comprennent beaucoup de choses, ils comprennent surtout qu'ils sont différents, ce qui n'induit pas nécessairement qu'ils sachent mettre un nom sur la nature de leur singularité. Ils se heurtent alors à un impossible qui ne leur permet pas d'atteindre une identité propre : hors norme, ils manquent de modèle pour se comprendre, se structurer, construire une image d'eux-mêmes complète et harmonieuse.

Lorsqu'on leur demande ce qu'est être différent, la richesse de leurs réponses stupéfie. Lorsqu'on leur demande ce qu'est être surdoué, ils restent vagues, impuissants à donner une définition, à moins qu'ils n'aient déjà été informés du sujet, ou qu'ils n'aient déjà consulté un psychothérapeute. Mais, même dans ce cas, la réponse donnée est convenue, détachée de l'expression personnelle.

En raison de leur intelligence et de leurs talents, ils ont une image positive d'eux-mêmes

Les surdoués doutent de leur capacité à gérer toute situation dont ils perçoivent, intuitivement et en priorité, les problèmes potentiels.

Dès leur enfance, ils sont ceux qui sont le plus enclins à douter d'eux-mêmes. À moins d'avoir eu l'opportunité de s'accomplir dans un domaine où il a gagné une reconnaissance hors norme (prix Nobel, prix scientifique, littéraire, distinction, reconnaissance internationale pour les artistes), le surdoué souffre avant tout de ses faiblesses. L'exigence vis-à-vis de lui-même qui l'anime naturellement, et qu'encourage généralement l'entourage familial quand il est enfant, lui fait percevoir en premier lieu ses défaillances et ses difficultés, qu'il a tendance à grossir.

Les expériences négatives passées l'ont par ailleurs profondément heurté, marqué. Méconnu dans l'enfance, souvent remis à sa place, surinvesti des ambitions parentales, conduit d'une main de fer par un coach, rejeté par ses pairs… les scénarios de l'exclusion, il les a presque tous connus. Ses blessures ont rarement cicatrisé.

L'attente dont il a fait l'objet a amplifié son insatisfaction : le meilleur roman est toujours celui qui reste à écrire, le meilleur concert, celui qui reste à donner.

En raison de leur intelligence, ils débordent d'idées et se motivent facilement

L'embarras du choix est souvent un frein. L'abondance d'idées qui se proposent à eux réclame qu'ils fassent une sélection. Or ils veulent à la fois tout choisir, en même temps que, doutant d'eux-mêmes, ils se refusent à trancher.

Lorsqu'ils choisissent un domaine, leur originalité effraie souvent. Ils peuvent alors renoncer, de peur d'inquiéter leur famille ou de trop s'en démarquer.

Lorsqu'il est reconnu dans un domaine particulier et qu'il y trouve le plaisir d'une créativité qu'on l'autorise à exprimer, le surdoué développe un sentiment d'imposture, de doute et se remet éternellement en question. Son angoisse décuple à chaque nouvelle collection de haute couture, à chaque nouveau roman, à chaque nouvelle machine, nouveau dessin, nouveau logiciel… Demain, il en est sûr, le démasquera. L'automotivation faiblit.

Ils sont admirés et n'ont aucune difficulté à se faire des amis

Leurs qualités et leur différence embarrassent leurs proches et peuvent même les perturber, voire les agresser. Leur surefficience intellectuelle suscite gêne, envie. Elle ne permet pas ces bases égales sur lesquelles construire solidement une relation.

Réussite ou pas, le surdoué est souvent un solitaire. Non

par goût personnel, mais par une discrimination dont il est victime. L'admiration n'a jamais fait la base de l'amitié.

L'admiration, ils la suscitent quand ils réussissent. Et ils la suscitent alors à l'extérieur de leur cercle le plus intime, familial ou amical. Quand ils n'ont pas réussi, ils passent plutôt pour le vilain petit canard, celui qui ne fait rien comme tout le monde, apporte le trouble, perturbe le consensus.

Recherchés quand ils sont célèbres, ils préfèrent, aux honneurs, la solitude et le retrait.

Puisqu'ils sont surdoués, ils en apportent la preuve : ils réussissent dans leur vie professionnelle

Longtemps, on a jugé la douance de l'adulte sur des critères extérieurs à sa personnalité, c'est-à-dire sur les performances qu'il pouvait accomplir, sur une réussite professionnelle exceptionnelle, sur un parcours éblouissant et hors norme, au lieu de considérer un mode de pensée ou des compétences particulières, ou des traits de caractère singuliers. Or ce n'est pas un élément matériel qui est extérieur à l'individu qui peut définir sa personnalité, mais des traits de caractère qui lui sont propres, un potentiel, et des dons, ou l'absence de dons.

L'hyperintelligence n'a pas pour corollaire une production géniale et/ou lucrative. L'adulte surdoué n'est ni condamné ni obligé à triompher selon les critères du plus grand nombre.

Un adulte, si surdoué soit-il, ne possède pas pour autant la science infuse. Il doit apprendre comme tout un chacun pour savoir. S'il n'a pas eu la chance de faire des études, ni sa formidable capacité de mémorisation ni son esprit de synthèse ne suffiront à en faire un mathématicien, un physicien, etc.

S'il est doté d'une surefficience intellectuelle, l'adulte surdoué est aussi hypersensible, hyperémotif, hyperréactif au monde, autant de traits de caractère qui peuvent le vulnérabiliser, fragiliser son potentiel, en faire quelqu'un d'inadapté à un milieu hautement compétitif.

2.

Prendre conscience de ses dons

Avant d'aborder le ressenti de la différence par ceux qui la vivent, commençons par répondre à une question récurrente chez ceux qui l'observent et qui viennent consulter au sujet de la surefficience intellectuelle d'un de leurs proches – enfant, frère ou sœur, mari ou femme.

Quand l'adulte surdoué prend-il conscience de sa différence ?

Une série d'interviews menées par Marylou Kelly Streznewski, publiée sous le titre de *Gifted Grown-ups*, a permis à cette psychologue de conclure que l'individu à haut potentiel prenait conscience de ses dons à l'âge du CE2, voire, au plus tard, en CM1. Mes propres entretiens avec de jeunes enfants précoces m'inciteraient à avancer cette étape au cours préparatoire. En général, les enfants surdoués abordent cette classe en sachant déjà lire, compter et souvent écrire. Pendant mes consultations, ils se plaignent déjà de la lenteur des autres enfants, de leur ennui à attendre que ces élèves résolvent des problèmes qui, pour eux, n'en sont pas. Cet ennui s'aggrave jusqu'à leur entrée en sixième, et s'accompagne généralement d'une sensation d'enfermement croissante, comme si tout le système scolaire leur interdisait, par sa structure, de trouver les réponses aux questions qui les taraudent. Cela dit, j'insiste sur le fait que prendre conscience de sa différence ne signifie pas pour autant savoir la définir ni la diagnostiquer… Or, pour l'adulte surdoué, la détresse ressentie devient souvent un mal chronique que personne ne pourra jamais soigner ni guérir. Pourquoi ? Parce que si, de nos jours, l'enfant précoce est entouré de parents généralement vigilants, attentifs aux performances scolaires et intellectuelles de leur progéniture, d'enseignants habitués à évaluer le potentiel des individus de leur classe, d'éducateurs en tous genres, aussi différents et nombreux que les disciplines auxquelles l'enfant précoce – souvent en demande d'activités extrascolaires – a souscrit. Amené à subir des tests, à consulter des psychologues ou des pédopsychiatres si son comportement semble trop atypique, l'enfant précoce, aujourd'hui, a de grandes chances de voir son haut potentiel décelé, et dès lors de bénéficier du soutien qui doit impérativement l'accompagner. Mais l'adulte surdoué ? Par la génération à laquelle il appartient, par l'école qu'il a fréquentée, moins au fait que d'autres du phénomène de la précocité, il peut être passé entre les mailles du filet ; ou encore, il peut avoir été testé et diagnostiqué mais qu'on lui ait caché cette vérité, par peur qu'elle ne le perturbe. Comment celui-là pourra-t-il nommer sa différence ?

L'unique occasion qui lui offrirait l'opportunité d'être reconnu comme « surdoué », c'est une réussite exceptionnelle dans un domaine particulier. S'il devient grand mathématicien, s'il formule un concept philosophique nouveau, si l'écriture de son roman révolutionne les règles du genre, s'il découvre un nouveau système informatique, un brevet, un médicament... la société criera au génie. Mais s'il n'a pas pu trouver sa voie, pour les raisons que j'évoquerai plus tard ? S'il ne soupçonne rien – et nous l'avons déjà souligné, les surdoués sont les derniers à soupçonner leurs facultés –, qui peut l'aider ? Combien sont-ils, ces adultes qui souffrent en silence, s'enferment, dépriment, se replient, culpabilisent ? Combien sont-ils ceux qui, mal diagnostiqués par un thérapeute peu au fait du phénomène de la douance, ont vu leur différence taxée de névrose ? Combien sont-ils ceux qui, par instinct de survie, de conservation, se protègent de leur propre différence en dissimulant leurs pensées, leurs attentes, leurs curiosités, et se fabriquent un masque, que les psychologues appellent un faux self ? Enfin, combien sont-ils ces anciens enfants précoces, objets de toutes les attentes des parents, de toute l'exaspération de leurs enseignants, qui n'ont pas trouvé leur voie ? Ou ceux ayant trouvé une voie hors des attentes familiales et des standards de la réussite, et qui dès lors ont déçu et se sont fondus dans la grande masse des adultes anonymes ? Leurs dons, qui les différenciaient de façon si flagrante du commun des mortels, deviennent à leurs yeux de puissants handicaps, voire des tares qu'ils s'appliquent à étouffer. Mais leur divergence fondamentale ne disparaît pas pour autant et ils continuent à penser, interpréter, ressentir et réagir différemment. Ils restent différents « quantitativement » et « qualitativement ».

Adulte, le surdoué connaît le sort des minorités qui doivent vivre et s'adapter à un milieu qui n'agit pas selon leurs critères ni ne tend vers les mêmes buts qu'elles. Ils sont comme une sous-culture à l'intérieur d'une culture dominante mais, au contraire des minorités, ils en sont très rarement conscients et alors, gravement isolés, ils échouent à trouver une place harmonieuse dans leur environnement, une identité que les autres acceptent et intègrent. Inconscients de leurs particularités, de leurs richesses, ignorant la nature de leur personnalité, ils s'épuisent à se demander pourquoi ce qui semble si naturel pour les autres leur est si difficile.

Le premier travail du psychologue consiste dès lors à aider le surdoué à nommer sa différence, mais aussi à dénouer, en en démontant les mécanismes, ce qui fait son essence, qui constitue sa personnalité profonde (ce que les cliniciens appellent le self) de ce qu'il a plaqué, déformé, tenté d'adapter pour répondre aux problèmes que sa différence lui a posés et aux blessures qu'elle lui a infligées, son faux self. On peut dès lors véritablement parler de crise d'identité. Si elle n'est ni diagnostiquée ni soignée, celle-ci conduit à une aboulie, à un état dépressif, une amertume, voire une aigreur, un sentiment d'aliénation et de claustration. Et enfin, à un refus de répondre aux influx créatifs, à l'élan initial de tout l'être vers le monde.

Comment l'adulte surdoué perçoit-il le monde ?

On a souvent, et largement, évoqué le regard que porte la société, soit les individus « normaux », sur les surdoués. Mais quel regard ces derniers portent-ils sur le monde ? Comment ne pas s'interroger sur ce point, quand on cherche à les comprendre, à définir leur personnalité ? Quel est leur ressenti ? Leurs attentes ? Leurs joies ? Leurs souffrances ?

Le monde extérieur est vécu comme une planète étrange dont ils sont les Martiens

Depuis l'enfance, l'adulte surdoué, à cause de sa différence quantitative et qualitative, comprend mal les reproches qu'on lui adresse et ce qu'on attend de lui. Il se sent isolé, anormal.

Cette différence est source de souffrances. Rares sont ceux qu'elle laisse... indifférents. Peter Bucky, dans son ouvrage *The Private Albert Einstein*[1], évoque la réponse du célèbre mathématicien invité à témoigner de ses sentiments sur sa réputation et sa renommée : « Je considère avoir eu beaucoup de chance de pouvoir faire essentiellement ce qui est important pour moi... Je suis aussi conscient que je suis beaucoup critiqué par le monde extérieur pour ce que je fais et que certaines personnes sont très en colère contre moi. Mais ceci ne me touche pas vraiment parce que je considère que ces personnes ne vivent pas dans le même monde que moi... » Et encore : « Je ne suis pas plus doué qu'un homme ordinaire. Si vous connaissiez mon histoire, vous sauriez que j'ai eu du mal dans mes études et vous sauriez que je ne possède pas une bonne mémoire comme certaines personnes. Je suis tout simplement plus curieux que la moyenne et je ne laisse pas tomber un problème tant que je n'en ai pas trouvé la solution. Ceci est une de mes plus grandes satisfactions dans la vie – résoudre des problèmes – et plus ils sont difficiles, plus j'en tire satisfaction. Peut-être pourriez-vous me considérer un peu plus patient dans ma poursuite de mes problèmes que la personne ordinaire. Si

1. Peter A. Bucky, *The Private Albert Einstein*, Kansas City, Andrews & McMeel/Universal Press Syndicate, 1992, p. 110.

vous avez compris ce que je viens de vous dire, vous comprendrez que la question n'est pas d'être plus doué mais plus curieux et peut-être plus patient. »

Le monde extérieur est progressivement vécu comme hostile, puis comme dangereux

Vers l'âge de six ans, l'enfant comprend qu'il doit procéder à des échanges. Il doit donner quelque chose de lui pour obtenir ce qu'il convoite. Pour obtenir la paix, établir un niveau de souffrance qui lui soit acceptable, l'enfant surdoué cherche à enfouir ce qui attire l'attention (violente ou ironique) sur lui. Le psychologue américain Maslow décrit très bien la mise en place de ce mécanisme[1] : « L'enfant, confronté au choix difficile entre ressentir de grands plaisirs et être accepté par les autres, choisit la plupart du temps l'approbation des autres et réprime son plaisir, le laisse mourir, fait comme s'il n'existait pas ou le contrôle par sa volonté. »

Le surdoué peut tenter de se réformer tout seul, de renoncer à sa propre personnalité pour se sentir plus heureux dans le groupe, plus en harmonie avec le monde. J'ai travaillé avec Jonathan, jeune homme fragile, taxé d'« intello », toujours plongé dans ses livres. Pour avoir des amis, sortir en groupe, il avait décidé de changer d'allure – nouvelle garde-robe, nouvelle coupe de cheveux, inscription à des clubs de sport, musculation et gymnastique. Il n'avait pas gagné en popularité, mais la tension affective induite par sa métamorphose était telle qu'il s'était effondré au bout d'une semaine de cours. Son double échec – à se faire aimer et accepter tel

1. Abraham MASLOW, *Toward a Psychology of Being*, New York, Van Nostrand Reinhold, 1968.

qu'il était, et à maîtriser le cours de sa vie –, l'avait plongé dans une profonde dépression.

Le surdoué peut se rebeller contre le monde, qu'il accuse de vouloir le formater, de l'obliger à vivre une vie qui n'est pas la sienne. Il refuse alors toute concession, tout compromis. « Désormais, je dis exactement ce que pense. Je n'en peux plus de faire comme les autres, ça n'en vaut pas la peine », confie Isabelle, rongée par un sentiment de colère permanent. « Je refuse de me soumettre à des règles stériles, déclare Jérôme, trente ans. Je ne peux pas vivre ma vie en me souciant en permanence de ce qui convient ou non aux autres. Tant pis si je les blesse. » Martine, qui a claqué la porte du domicile conjugal à cinquante ans, dans l'ahurissement général, s'explique : « Je n'en pouvais plus de laisser les autres écrire ma vie pour moi. Mon mari et mes enfants n'ont rien compris à mon changement, à ma décision. Mais c'était pour moi une question de vie ou de mort. J'étouffais. »

Le monde extérieur est vécu comme frivole et superficiel

L'adulte surdoué ne comprend pas comment le plus grand nombre s'accommode de la médiocrité, de l'imperfection et de la niaiserie des divertissements organisés pour écarter les hommes de l'étude et des arts.

Cette acceptation lui procure un malaise, voire un malêtre. Elle le révolte et l'indigne.

Il a besoin de nourrir sa curiosité naturelle, de faire travailler son intelligence en la confrontant à des problèmes concrets, de trouver des solutions, d'échanger sur les questions qui le taraudent. S'il ne peut satisfaire ses besoins intellectuels dans le cadre de sa profession, il s'engage dans des associations culturelles, des activités artistiques en amateur, ou bien, le plus souvent, il se réfugie dans les livres.

Il peut éprouver le sentiment d'avoir été leurré et se laisser submerger par la colère. Daniel, étudiant surdoué, analyse les raisons qui le poussent à abandonner ses études à la veille de sa thèse : « Après avoir entendu que le collège serait mieux que l'école, que le lycée serait plus intéressant que le collège, et que l'université serait enfin un plaisir parce que j'y étudierais uniquement ce qui m'intéresse, je me suis senti floué. Je m'y suis ennuyé tout autant qu'auparavant. On ne m'a rien appris, rien transmis. J'ai le sentiment d'une conspiration menée par des gens qui n'ont d'autres buts que leurs intérêts personnels ; et je ne veux plus y participer. »

Il parvient à résister à la pression de son environnement qui l'incite au raisonnable, à la résignation et décide de se lancer dans la voie qui l'attire et le comble, au risque de perdre tout ce que ses proches estiment être une réussite : situation professionnelle enviable, maison confortable, famille construite.

Le monde extérieur pose l'énigme du sens de la vie et de la mort

Depuis sa plus tendre enfance, l'adulte surdoué cherche à résoudre cette énigme. Il cherche quel sens donner à sa vie, quelle raison donner à l'existence du monde, à son mouvement. Il manifeste un intense besoin de transcendance, de profondes propensions à la spiritualité et s'étonne que ce questionnement métaphysique ne soit pas plus partagé.

Il exprime souvent le besoin – souvent incompréhensible pour son entourage – de faire une retraite, ou de prier. Il s'intéresse à la théologie, parfois même à l'ésotérisme, ou choisit d'étudier l'astrophysique et les mathématiques. Hélène, trente-sept ans, après des études brillantes (khâgne et Sciences po) et une situation très lucrative dans une grosse agence de publicité, est venue consulter pour soigner la dépression dont elle ne se sortait pas et réfléchir au sens à donner à sa vie : « Je me suis fourvoyée. Je n'ai rien à faire à Paris, ni dans le milieu de la pub qui me dessèche. J'ai besoin de contemplation, de prières et de solitude. » Hélène a donné sa démission après une retraite d'un mois dans un monastère. Elle envisage d'entrer dans les ordres.

Le monde extérieur est constitué d'un réseau de connexions et de relations sociales compliquées et hypocrites

Freud considérait que le comportement en société d'une personne parfaitement normale était motivé par les instincts primaires de conservation, sexuel (reproduction) et par l'intérêt. Les trois conduisent l'individu à commettre ainsi de petites entorses à la règle morale, ce que le sociologue Dabrowski a appelé les « saines malhonnêtetés », indispensables au maintien de la paix sociale. Parce qu'il pense et agit différemment, le surdoué est incapable de saisir ce double langage et d'apprécier au mieux la nécessité de cette hypocrite diplomatie pour l'harmonie du groupe. Il souffre de ces mensonges. Il peut en éprouver de la colère, en témoigner ouvertement, dire son fait publiquement, heurter et, en conséquence de la méfiance qu'il suscite, développer une paranoïa, une dépression. Kim ne faisait plus confiance à personne. Il avait réalisé qu'on ne l'approchait que pour l'exploiter. Il avait réduit son monde affectif à la seule présence de sa sœur. Pour ne pas souffrir, il s'interdisait toute émotion, toute attente, tout optimisme.

L'autre est investi d'une immense exigence d'amour, d'amitié, d'affection, d'écoute

Pour plaire à cet ami potentiel, à ce possible amour, l'adulte surdoué, depuis son enfance, a pris l'habitude d'épouser les attentes de cet autre, d'agir en fonction de ses demandes, de se contraindre et d'étouffer son originalité. Il se peut alors qu'il explose quand il s'aperçoit qu'il ne récolte rien en retour. « J'en ai marre d'être gentille avec tout le monde. J'aurais dû me rebeller, mais je me taisais par peur de me retrouver seule, sans amis », a tonné Marianne dans mon cabinet, ulcérée de se faire marcher sur les pieds et de s'épuiser en concessions.

Le surdoué, d'un caractère entier, a du mal à faire la différence entre relation sociale et amitié. Il souffre des déceptions qu'engendre immanquablement cette confusion des genres. Il ne comprend ni la superficialité ni la désinvolture. Il attend d'être aimé pour lui-même, et enfin compris. Il exige un amour parfait et profond, une amitié idéale, entière et exclusive. Il éprouve ainsi énormément de difficultés à trouver l'âme sœur. Il a tendance à se culpabiliser de sa solitude, à se flageller, d'autant qu'il la perçoit avec force, comme un mal endémique. « Je me suis toujours sentie seule, même lorsque j'étais en famille ou avec mes amis. J'avais l'impression d'appartenir à une autre planète », avoue Jeanne, comme un secret infamant.

Comme Einstein, le surdoué comprend qu'être reconnu et encensé n'est pas être aimé ni compris.

Comment le monde perçoit-il l'adulte surdoué ?

L'adulte surdoué est perçu comme « différent », sans pour autant que le sens commun puisse définir avec justesse cette différence. Il est différent et incompréhensible.

Son attitude, sa façon d'être bouleversent les standards de ce qui est normal, ou de ce qui est pathologique et relève de la psychiatrie.

Les surdoués reconnus comme tels (Freud, Einstein) sont souvent perçus comme des personnalités éminemment difficiles à vivre – têtus, opiniâtres, antagonistes, idiosyncrasiques et hypersensibles.

Ils apparaissent comme chroniquement et injustement insatisfaits d'une vie que le plus grand nombre juge très convenable. Leurs tourments sont considérés comme névrotiques.

Certains d'entre eux sont jugés hautement excentriques, victimes d'étranges bizarreries, de faiblesses physiques, de craintes et de préjugés inexplicables.

Ils semblent souvent immatures ou cyclothymiques, et ce d'autant plus que leur créativité est grande.

Ils sont craints en société du fait de leur entièreté, de leur esprit de contradiction, de leur radicalité. Les gens normaux ne comprennent pas que ces contestations ne tendent pas à accuser ni mettre en cause la personne qui tient les propos incriminés, mais uniquement les propos eux-mêmes.

Si l'entourage reconnaît la surefficience intellectuelle du surdoué, il ne peut admettre que le surdoué considère les siens comme aussi intelligents que lui, et leur évoque ses problèmes d'égal à égal. L'environnement social estime souvent qu'en accueillant froidement la radicalité d'un surdoué, celui-ci comprendra les raisons de cette hostilité.

En société, l'adulte surdoué est souvent jugé manipulateur, *show-off*, vantard, accapareur de parole, indiscret dans ses questions, voire indélicat, asocial, dominateur, indiscipliné, perturbateur.

Dans le travail, s'il n'est pas à un poste de direction, l'adulte surdoué est jugé trop critique, trop « personnel » dans ses propositions, insoumis à l'autorité, paresseux lorsqu'il manifeste son ennui face aux tâches quotidiennes, perfectionniste, se prenant trop au sérieux, rebelle aux procédures routinières, indiscipliné. Il devient très vite antipathique à ses collègues pour toutes ces raisons.

Comment l'adulte surdoué tente-t-il de s'adapter au monde ?

Pour mettre fin à leurs souffrances, au rejet dont ils sont victimes, à leur solitude, pour plaire et mettre un terme à l'angoisse de leur famille et aller dans le sens des demandes et des reproches qu'elle peut parfois leur manifester, les adultes surdoués vont tenter de calquer leur modus vivendi, leur façon de penser, la déclaration de leurs attentes, sur ceux du plus grand nombre – c'est-à-dire sur ce qui paraît comme normal et enviable pour la société. C'est hélas la façon la plus sûre d'aggraver leurs souffrances, leur solitude, et de provoquer chez eux colère, frustration et dépression. Force leur est effectivement de constater que **plus ils agissent bien**, selon le consensus, **plus ils se sentent mal.**

Leur mal-être et leurs souffrances peuvent aussi empirer s'ils consultent – souvent à la demande de la famille – des thérapeutes qui ignorent la question de la douance et passent à côté du diagnostic. L'évaluation du consultant s'établira dès lors selon les normes communément admises de ce qui est normal et de ce qui ne l'est pas. Les symptômes dépressifs, les troubles, auront donc de grands risques, on l'a vu, d'être taxés de pathologiques. La consultation peut s'avérer catastrophique pour le patient. Au lieu de l'aider à accepter sa différence, qui constitue son self, son être tout entier, le clinicien va s'évertuer à éradiquer cette différence et inculquer au patient combien elle est néfaste et préjudiciable à sa santé psychique.

Fort heureusement, la majorité des adultes surdoués parviennent à bricoler un style d'être et un style de vie qui leur permet de se prémunir un tant soit peu contre l'hostilité du monde, l'incompréhension dont ils sont victimes et contre les pressions familiales. Nancy Alvarado, dans une étude qu'elle a publiée en 1989[1], et dans la droite ligne des travaux de Betts et Neihart[2], a établi quatre modes différents d'adaptation au monde, adoptés par l'adulte surdoué : l'adhésion, l'évitement, le compromis et l'inscription à un club de surdoués.

L'adhésion

Elle est choisie par les tempéraments les plus volontaires, enthousiastes, par les individus dont l'entéléchie est fortement marquée. Elle consiste à toujours aller vers l'autre, à épouser ses demandes, ses attentes, à lui insuffler énergie et

1. Nancy ALVARADO, « Adjustment of Gifted Adults », *Advanced Development Journal*, 1989, vol. 1, p. 77-86.

2. George BETTS et Maureen NEIHART, « Profiles of the gifted and talended », *Gifted Child Quarterly*, 1988, 32, p. 248-253.

conviction. Le surdoué qui choisit ce mode de contact avec la société trouve en général son équilibre et son bonheur dans cet échange, dans le don. Mais si ces personnalités généralement charismatiques donnent l'impression de grandes facilités, de bonheur de vivre, elles souffrent aussi, par empathie, des malheurs de ceux qu'elles soutiennent. Beaucoup succombent sous le coup de maladies causées par le stress. Ils connaissent souvent des dépressions nerveuses graves, la crise de la quarantaine et ont une tendance au suicide. S'ils évitent ces crises, ils finissent toujours par ressentir un manque, par sombrer dans la mélancolie : ils ont conscience que quelque chose d'eux n'a pas été accompli, qu'ils passent à côté de leur vraie vie, de leurs aspirations profondes, et plus aucun acte de charité, plus aucune aide à l'autre, plus aucune forme d'amour du prochain ne peut satisfaire cette attente, ce désir inassouvi.

L'adhésion au monde, la rencontre volontaire des autres sont souvent vécues sur un mode plus *moderato*, par des surdoués moins énergiques, moins solaires. Profondément blessés par les sarcasmes qu'ils ont subis à l'école, terrifiés par la solitude, ceux-ci mettent leurs talents à la disposition de leurs condisciples pendant leurs études universitaires. À la réalisation de leurs dons, au déploiement de leur potentiel, ils préfèrent l'intégration sociale. Ils masquent leur supériorité intellectuelle et créative, privilégient le groupe, les études en binômes, les sorties avec les individus les plus populaires de la classe. Mais à force de sous-jouer leurs talents, de se cantonner au profil le plus bas possible, ils finissent par s'agréger aux plus médiocres et perdent leurs dernières chances d'évoluer dans un groupe qui leur corresponde, avec lequel ils auraient eu plus d'affinités, et trouvé l'opportunité d'exprimer leur nature profonde. Ils aggravent leur sentiment de différence et, dès lors, ne s'adaptent plus jamais à leur entourage. Le niveau de leurs diplômes les conduit à des professions sans éclat, à fréquenter des milieux dans lesquels ils usent leurs dernières forces à se fondre, pour épouser les couleurs du plus petit dénominateur commun. Souvent, ces surdoués ignorent le potentiel de leurs talents, l'étendue de leur puissance intellectuelle. Ils focalisent alors toutes leurs forces à masquer leurs différences et leurs souffrances, à étouffer la colère qui les envahit. La colère : non pas un emportement soudain, mais le fruit empoisonné d'une longue attente, d'efforts de transactions qui sont restés vains. Elle n'a pas d'objet particulier, si ce n'est eux-mêmes. Elle vire souvent à l'aigreur, au persiflage, à l'autodénigrement. S'ils sont conscients de leurs dons, de leurs facultés, ces surdoués ne se ressaisissent pas pour autant. Leur vie, estiment-ils, est passée. Ils n'ont pas su saisir leur chance et il est désormais trop tard. Leur estime de soi devient la cible principale de leurs attaques, mais ils peuvent aussi rendre leur entourage responsable et l'accabler de leurs sarcasmes. Parents, ils peuvent aller jusqu'au sabotage des études de leurs enfants, en leur refusant l'épanouissement qu'ils sont en droit d'espérer.

L'évitement

Ce modus vivendi de l'adulte surdoué consiste à éviter tout contact social, dans la mesure du possible, de façon que sa douance n'entre jamais en conflit avec les proches. Ceux qui l'adoptent se consacrent entièrement à leur travail ou à leurs hobbies. Ils y trouvent toute la satisfaction qu'ils n'ont jamais rencontrée ailleurs, dans le compagnonnage ou les activités de groupe. Lecture compulsive, études, informatique à haute dose, dossiers supplémentaires, missions, constituent leur refuge le plus sûr.

Si cet évitement a été adopté dès les plus jeunes années, il y a peu de chances qu'il soit abandonné plus tard. Les parents contrarient rarement cet enfant sérieux et se réjouissent de son investissement dans son travail scolaire. Mais ils manquent à leur mission d'éducateurs en n'apprenant pas à leur petit si prometteur à surmonter sa timidité ni à développer son intelligence relationnelle pour pouvoir, plus tard, faire face aux autres. Adultes, ces surdoués trouvent à l'absence de contacts humains la compensation de se voir attribuer des labels dérogatoires qu'ils encouragent : on les traite de « cerveaux », de « têtes », de « *nerds* », mais leur vie affective reste un désert.

L'autre forme d'évitement consiste à entrer en conflit avec « le système ». Certains adultes surdoués provoquent délibérément le conflit ou le recherchent. Ils coupent ainsi tous les ponts avec la société et se rassurent à l'idée qu'ils ont fait le vide autour d'eux. Ils se rebellent contre les valeurs, les modèles et les exigences que leur imposent la famille ou les enseignants. Plus tard, c'est contre les entreprises dans lesquelles ils travaillent ou les groupes socio-professionnels dans lesquels ils évoluent qu'ils se révoltent. Leur intelligence devient une arme défensive. Ils critiquent systématiquement ceux qui ont l'autorité, les harcèlent avec de « meilleures » propositions, de « meilleures » procédures. Ils se lancent dans de grandes actions, spectaculaires mais désastreuses pour eux-mêmes, qui n'ont d'autre objet que de prouver combien les autres sont hypocrites, incompétents et infâmes. Ils accentuent à dessein leur idiosyncrasie, exhibent une excentricité de circonstance pour interdire aux autres de tenter toute approche. Ils peuvent aussi se montrer si radicalement puritains, si psychorigides dans leurs jugements moraux, si volontairement sectaires, que personne n'ose leur confier quoi que ce soit de sa vie ni s'exposer, de peur de subir leur terrible jugement. Tous ces procédés n'ont qu'un objet : empêcher le dialogue, l'échange, pour préserver l'estime de soi. Malheureusement, cette dernière forme d'évitement perd plus à long terme qu'elle ne gagne à court terme. Au lieu de se consacrer à leur épanouissement personnel, au risque de quelques conflits avec le monde qui les entoure, ces surdoués s'épuisent en guerres incompréhensibles, suscitent la haine et l'antipathie, et se vident doucement, comme une hémorragie, de tout ce qui fait leur sang et leurs richesses.

Le compromis

Cette troisième manière de commercer avec le monde semble être la plus utile mais aussi la plus difficile à mettre en œuvre. Elle pourrait se résumer par la formule « donnant-donnant ». Il s'agit d'établir un échange fructueux avec les autres, sur un mode qui les obligent à rendre la pareille. Ainsi, le surdoué ne sacrifie pas son potentiel avec les autres comme dans le cas de l'adhésion, pas plus qu'il ne sacrifie le groupe pour privilégier son individualité, comme dans le cas de l'évitement.

L'utilisation de ce troisième mode n'est pas le fruit du hasard. Elle résulte d'une réflexion et d'une habileté sociale auxquelles l'adulte surdoué doit s'entraîner, et qu'on doit lui apprendre dès son plus jeune âge. Le compromis ne peut se pratiquer qu'à partir du moment où l'adulte surdoué accepte profondément sa singularité, ses différences et a appris à se connaître. Dès lors, il peut laisser s'épanouir sa riche personnalité, et les talents, nombreux, qui y sont attachés.

À la recherche de sa propre tribu

Les surdoués n'échappent pas aux besoins fondamentaux de tout être humain. Ils ont besoin de trouver un groupe identitaire, dans lequel ils pourront conforter leur personnalité, se construire et forger leur caractère. Dans leur cas particulier, ce groupe doit être constitué d'authentiques doubles – des individus qui partagent les mêmes différences, les mêmes singularités. Ces groupes existent. Il s'agit notamment de la MENSA Society, de la Triple Nine Society, de la Prometheus Society, de la Mega Society et de Colloquy[1]. Même dans le cas idéal de cette rencontre, la construction de l'identité reste problématique : l'adulte surdoué éprouve les plus grandes peines à ciseler une image idéale de lui-même, et il se rencogne dans ses retranchements dès qu'il découvre ses propres problèmes chez un autre adulte surdoué. À l'instar de toutes les minorités qui perçoivent, de façon suraiguë, leur différence, les surdoués exigent la perfection des membres du groupe, avec l'espoir fantasmé qu'ainsi la majorité les acceptera plus facilement.

Nancy Alvarado cite largement, dans ses travaux, la réaction systématique des nouveaux membres du club MENSA.

1. Ces sociétés diffusent leurs journaux sur le Web. Il s'agit d'*Apotheosis*, journal de la Poetic Genius Society ; *Excepts from Colloquy discussions*, pour la société Colloquy ; *Celebrals Online Journal, Vidya* pour la Triple Nine Society ; *Ultranet* pour Ubiquity Society ; *Gift of Fire* pour la Prometheus Society ; *Perfection* pour la PI Society ; *Noesis* pour la Mega Society. Enfin, les tests acceptés par les sociétés à QI élevés sont répertoriés sur www.polymath-systems.com.

Ils arrivent dans les premières réunions, explique-t-elle, tout heureux à l'idée d'éclairer leur solitude à la lumière d'écrivains célèbres, de grands scientifiques, d'hommes d'État, de philosophes ou d'éminents chercheurs. Au lieu de quoi ils pénètrent dans une pièce emplie de personnes comme eux, et ils connaissent de violentes déceptions quand ils découvrent que beaucoup de ces inconnus, au QI si élevé, sont des individus sans réussite éclatante, des excentriques. En vérité, le club MENSA, s'il s'enorgueillit de l'inscription d'écrivains célèbres, de médecins et d'avocats de prestige, compte aussi parmi ses membres des athlètes, des inventeurs, des chômeurs ou des professions tout à fait singulières, comme ramoneurs ou funambules. Il faut toujours rappeler au nouveau venu que les critères d'entrée au club MENSA ne reposent pas sur la célébrité ni la fortune, mais bien sur le QI et la personnalité. Et d'ailleurs, ce qui lie ses membres, ce ne sont jamais les champs d'action dans lesquels chacun s'exprime, mais bien leurs traits de caractère qui les rendent si inadaptés à d'autres sociétés, leurs tourments intérieurs et leur désarroi.

Au sein de ces groupes, quand ils ont la chance d'avoir été repérés comme surefficients, testés et dirigés vers ces sociétés, les adultes surdoués peuvent mesurer, comme dans un miroir, les particularités de leurs différences, mieux se comprendre et mieux se connaître. Ils peuvent aussi s'y exprimer sans craindre l'incompréhension des autres, incompréhension qu'eux-mêmes ne comprennent pas.

3.

Comprendre le problème pour le maîtriser

De nombreux facteurs entravent l'épanouissement de l'adulte surdoué, et bien sûr, tout dépend, pour chaque individu, de son environnement professionnel et familial, mais encore de l'éducation qu'il a reçue, du milieu dans lequel il a évolué et, à l'intérieur même de ces composantes, de l'attitude qu'il a adoptée dans son rapport avec le monde.

Mais il existe aussi des obstacles à cet épanouissement, communs à une majorité d'adultes surdoués.

Prendre conscience des blocages

Psychiatres et psychologues ont repéré quatre types de mécanismes de défense à la racine du mal-être chez ces adultes si particuliers. Lorsqu'un homme ou une femme en souffrance est invité à réfléchir à ses dons, à se pencher sur son passé et à expliquer pourquoi il se sent en situation d'échec affectif ou professionnel, il met en avant l'une de ces quatre explications :

- Il n'a jamais pensé qu'il pouvait être surdoué ;
- Il s'est résigné et il a accepté de vivre une vie dont il

savait qu'elle n'était pas la sienne, par mimétisme social en quelque sorte ;
- Il n'a pas eu confiance en lui, en ses ressources, et il a renoncé à aller de l'avant ;
- Son désir de conformité, d'affection, de reconnaissance l'a rendu totalement dépendant du regard de l'autre.

Quelles que soient les barrières qui le bloquent – et elles peuvent être nombreuses ! –, le surdoué devra procéder à une mise à plat rigoureuse de ses tourments, et de leurs racines. Tout d'abord, pour se libérer, il faut qu'il s'identifie, qu'il nomme sa singularité et qu'il la comprenne. Cette phase, indispensable, nécessite d'effectuer un bilan. Au regard de ce premier diagnostic, l'adulte surdoué pourra percevoir la cohérence de ses actes, apprendre à se connaître, non plus au miroir des agissements du plus grand nombre, mais dans l'introspection solitaire et parfois douloureuse de sa différence. Cette phase peut sembler laborieuse : comme dans la pratique d'un sport auquel on s'est initié sans professeur ni conseil, il faut corriger les défauts, les mauvais plis acquis lorsqu'on s'est lancé seul. Mais si l'on néglige cette étape, il devient impossible, passé un certain cap, de progresser. Repérer les mauvais réflexes forgés en société, les mauvaises réponses apportées au stress, aux contraintes ou aux attentes du groupe exige d'identifier les vieilles blessures et les défenses qui en ont découlé. Cette deuxième étape n'est fructueuse que si elle est accompagnée par un professionnel et si la réflexion qui en résulte est guidée dans un sens constructif. Reste enfin la troisième phase du processus, sans doute la plus âpre : apprendre à gérer son énergie, à réguler son intensité, mesurer sa complexité et son besoin d'agir.

Mon expérience de clinicienne m'oblige à insister sur l'existence de ces mécanismes et leur nécessaire prise en compte. Ce sont eux qu'on vient combattre au cours des consultations, parce qu'ils ont créé des sentiments négatifs, des frustrations, des angoisses, et pourtant ce sont ces mécanismes auxquels on a recours à la moindre difficulté.

Le refus de l'identité de surdoué

Rares sont ceux qui acceptent l'hypothèse d'une sureffi-cience intellectuelle s'ils n'ont pas, dans leur vie professionnelle, manifesté ce don par une réussite exceptionnelle. Les lieux communs ont la vie dure : de même que, à l'école, le surdoué doit être le premier de la classe et ne jamais connaître de difficultés, dans l'entreprise, le surdoué doit être le chef, le créateur, le président-directeur général. Je repense souvent à Maurice, cadre d'une cinquantaine d'années, doté d'un diplôme universitaire, que j'ai eu les plus grandes difficultés à convaincre de passer un test de QI. Il côtoyait tous les jours des diplômés de grandes écoles et jugeait impossible de les égaler intellectuellement – alors les surpasser !

La régression

Même lorsqu'ils admettent le diagnostic d'une sureffi-cience intellectuelle, nombre de ces adultes refusent d'en accepter l'héritage. Ils préfèrent s'accommoder de leur quotidien et de ses frustrations, d'autant qu'ils en connaissent désormais la source, plutôt que d'engager le long et pénible travail d'introspection qui leur permettrait pourtant de s'épanouir. Ils se replient, expliquent que les démarches à entreprendre menaceront leur équilibre plus qu'elles ne l'assureront. Comme le souligne fort judicieusement Alain

Braconnier dans *Protéger son soi pour vivre pleinement*[1], cette forme de régression qu'ils ont en général toujours pratiquée dans leur vie n'est pas fondamentalement négative. Elle permet d'apaiser les tensions, d'établir une distance salvatrice ; ce qui pose problème, c'est son ampleur. À force d'empêcher le hasard ou l'inconnu de jouer leur rôle dans la destinée, on s'interdit toute opportunité d'expérimenter ses réflexes, d'éprouver son enthousiasme, de tester sa peur, son adaptabilité ou son sens du merveilleux ; on se sclérose, sans jamais parvenir à la pleine expression de son potentiel. Or c'est bien à ce degré désastreux qu'agit la régression du surdoué. Et le remède, pour lui plus que pour tout autre, se révèle catastrophique : le surdoué souffre dans un quotidien trop prévisible, il étouffe dans la routine.

La colère

Il y a pire encore : cette régression, à laquelle il peut avoir recours quand il a pris connaissance du diagnostic de sa surefficience, et qu'il a utilisée dans sa vie pour atténuer son sentiment de différence, a pu conduire le surdoué à se fabriquer une autre identité, ce faux self dont nous parlerons plus tard. Démasqué, il éprouve alors de la colère, celle de quelqu'un à qui on a volé des années, dont on a exigé des comportements épuisants pour lui, au lieu de l'aider à devenir lui-même. « D'une manière ou d'une autre, j'ai toujours dû savoir au fond de moi que tout cela était injuste, m'a déclaré Pierre, spontanément, lorsqu'il a compris combien il était passé à côté de sa vie. L'intense colère que je ressens aujourd'hui ne peut pas provenir uniquement de ce qui se

---

1. Alain Braconnier, *Protéger son soi pour vivre pleinement*, Paris, Odile Jacob, 2010.

passe dans le présent. Elle vient certainement de très loin, de mon enfance même. À qui pouvais-je dire la rage que je ressentais lorsque mon père me disait de me taire ou lorsqu'on me rappelait quelle devait être ma conduite ? Personne ne comprendrait… »

De façon surprenante, cette réaction de colère surgit le plus souvent chez ceux qui ont compensé leur différence dans l'altruisme et la disponibilité aux autres. Cette propension à se conduire comme un saint-bernard, quand elle a une fonction protectrice, se retourne alors en son contraire – un fort sentiment d'hostilité qui avait été, jusque-là, refoulé. Or cette hostilité resurgit brutalement quand le diagnostic de la surdouance établit que les railleries et la mise au ban vécues pendant l'enfance ne procédaient pas de défauts qu'il convenait de dépasser par la bonté et le devoir, mais d'une différence intellectuelle et comportementale mal ressentie par l'entourage. Lorsqu'il y avait un problème, tout le monde savait que l'on pouvait compter sur Pierre. Disponible et positif, il accourait pour prêter main-forte. Le devoir, l'abnégation guidaient son code de conduite. Orphelin de père dans son enfance, il avait secondé sa mère dans l'éducation de ses deux cadets. Alors qu'il se sentait inadapté et marginalisé à l'école et répondait à l'hostilité de ses camarades par une hostilité à leur égard plus grande encore, son dévouement familial lui attirait les louanges de son entourage et des adultes. Il en était devenu de plus en plus dépendant. Il avait multiplié les bonnes actions en conséquence, mais ne se sentait pas heureux pour autant, bien au contraire. Il s'était mis à ressentir une détestation à l'égard de ceux qui frappaient à sa porte, des populations défavorisées qu'il croisait dans les organisations humanitaires qu'il fréquentait. Détestation refoulée, bien sûr, assortie d'un fort sentiment de culpabilité qui l'avait un jour conduit à consulter…

La peur de l'échec

Le surdoué a souffert toute sa vie, dans la solitude de sa différence, de difficultés à s'adapter, dans son apprentissage scolaire, mais aussi dans sa vie amicale et amoureuse. Il y aurait des volumes à écrire sur la douleur des enfants et des adolescents précoces incapables d'intégrer un groupe, de plaire et de séduire selon les normes de leur classe d'âge. Ce surdoué a appris à se méfier de lui-même, à nier ses facultés et ses qualités. La peur de l'échec s'est commuée en certitude de l'échec. Il préfère renoncer à entreprendre, à se lancer dans un projet, à essayer une autre vie, un autre métier, plutôt que de risquer de vivre un nouvel échec, d'essuyer une énième rebuffade. Au bout de quelques mois de travail dans mon cabinet, Michel, cinquante ans, a fini par accepter de mettre en œuvre le projet auquel il rêvait depuis toujours. « Qu'avais-je à perdre à le tenter, pendant toutes ces années ? s'étonne-t-il. Je crois que si je n'ai pas tenté l'expérience auparavant, c'est parce que, justement, ce projet était essentiel à mes yeux. Je n'aurais pas supporté l'idée d'échouer. Ce constat aurait été pire que l'échec lui-même. »

Quand, à la lumière du diagnostic, les rêves enfouis et les attentes reviennent en mémoire et refont surface, la terrible barrière du déficit de confiance se dresse immanquablement chez ces individus. Ils mettent immédiatement en balance de leur désir, le risque à courir, le prix à payer. Quitter sa région d'origine, la protection de l'entourage, même s'ils sont anxiogènes, mettre en péril la sécurité matérielle du couple ou de la famille… Qu'est-ce qui, dans leur vie passée, leur a interdit d'oser le défi ?

Je le précise, alors, et j'insiste : il n'est pas question, au prétexte d'aller de l'avant, de prendre des risques inconsidérés ni d'adopter une conduite absurde ou socialement suicidaire, mais d'accepter de faire face aux incertitudes et dangers inévitables pour permettre à une situation d'évoluer positivement, à une souffrance de trouver sa résolution. Les adultes surdoués qui ont réussi, qui mènent une vie gratifiante, soulignent l'importance qu'a eue pour eux cette capacité à relever les défis, à tirer les leçons de leurs échecs, et ainsi, à rebondir pour trouver la bonne voie, la meilleure issue.

Tous les professionnels qui travaillent avec ces adultes surdoués en souffrance le constatent : redevenir eux-mêmes représente la prise de risque majeure à leurs yeux. Mais c'est là le risque initial, essentiel, sans lequel il n'existe pas de créativité ni d'épanouissement possibles.

Le recours à l'approbation

L'approbation d'autrui sur laquelle on s'est appuyé depuis toujours pour pallier le doute quant à ses propres capacités à agir, résoudre, réfléchir justement, rend son usager totalement dépendant de l'autorité qu'il a choisie pour guider sa vie – parents, conjoint, ami. S'il est normal, jusqu'à un certain degré, de se construire dans le regard de l'autre, devenir dépendant de son regard et chercher à lui plaire à tout prix s'avèrent une solide barrière à l'épanouissement personnel. L'adulte surdoué, s'il a été adulé par ses parents dans ses jeunes années d'enfant précoce, cherchera ensuite inlassablement, de façon plus ou moins consciente, à reproduire cette configuration affective. S'il a été surinvesti par ses parents de projets et de rêves de réussite qui ont été autant de revanches personnelles sur leurs propres échecs, cet enfant cherchera à toujours mieux faire pour garder la place privilégiée qu'il occupe dans le cœur de ceux qu'il aime. Il s'inscrit alors dans une spirale infernale qui le maintient sous pression et lui interdit tout relâchement, même dans sa vie adulte, qu'il a construite en reproduisant ce modèle. Peu lui chaut le plaisir qu'il pourrait trouver à mener à terme un projet qui le séduit et lui correspond, ce qui est devenu essentiel à son équilibre, c'est l'approbation de l'autre, ses applaudissements, sa gratitude. Pour les obtenir, il se dirigera dès lors vers des activités qui séduisent l'autre, mais ne lui conviennent pas toujours, voire presque jamais. De cette distorsion entre les talents personnels et l'activité pratiquée pour plaire naît la souffrance. D'autant que moins on fait ce pour quoi on est doué, plus il est difficile d'exceller, donc de susciter l'admiration.

La négation de la différence

Le recours commun à tous les adultes fraîchement diagnostiqués comme surdoués est souvent de nier, non pas leur surefficience intellectuelle, mais leur différence. Or il est essentiel, pour aller de l'avant, de ne pas rejeter cette idée qu'on pense différemment, qu'on vit à un autre rythme, qu'on fait preuve d'une intuition liée à des aptitudes exceptionnelles d'observation. Il faut admettre qu'on est souvent très rapide, mais qu'on peut aussi, a contrario, se montrer particulièrement lent dans des opérations où le commun des mortels excelle. Il faut apprendre à se connaître, à repérer la vélocité avec laquelle on résout les problèmes, mais encore avec laquelle on s'inquiète, ou la force avec laquelle on ressent la subtilité d'un changement d'atmosphère, d'humeur, la détresse d'autrui ou la beauté de la nature. Il faut admettre la rigueur de ses exigences vis-à-vis de soi-même et d'autrui, et son impérieux perfectionnisme.

Pourquoi est-il si difficile à l'adulte surdoué d'admettre cette différence ?

Parce qu'elle a induit, depuis l'enfance, un sentiment tenace de culpabilité. Ils se sentent coupables de ne pas répondre à leurs propres attentes, de ne pas trouver de solution aux malheurs du monde, de contribuer à son imperfection, de ne pas être admis par la communauté. S'ils ont choisi de refouler cette culpabilité en se mettant au placard, il leur deviendra presque impossible d'en sortir. Or, pour exploiter ses talents, il faut précisément s'en extraire, embrasser son destin comme le suggère la célèbre parabole des talents de l'Évangile. Il faut aussi accepter d'exposer ses dons. Mais alors, la culpabilité qui les a rongés durant leurs jeunes années s'ils ont été surinvestis par l'espoir de leurs parents, culpabilité de n'avoir pas été à la hauteur, resurgit et coupe leur élan. En général, l'adulte reproduit les comportements adoptés dans son enfance. Il suffit de le questionner sur ce chapitre pour deviner l'attitude qu'il a choisie en contrepartie de sa douance. A-t-il utilisé sa différence pour faire des économies d'effort ? A-t-il trop compté sur elle ? A-t-il eu peur d'échouer et de décevoir des parents qui attendaient trop de lui ? Ceux-ci sont les plus réticents à accepter d'avouer leurs dons, certains que les demandes de leur entourage surpasseront leurs aptitudes à les satisfaire. La peur de l'échec est une hantise chez l'adulte surdoué. Peur de la défaillance, mais aussi de l'humiliation, de la raillerie, du regard de l'autre, de la mise au ban…

Transformer les faiblesses en force

Il est inutile de croire, si doué et résolu qu'on soit, qu'il sera possible d'effacer les erreurs passées, de se transformer intégralement et de gommer du plus profond de son inconscient les réflexes et les protections érigées depuis la plus tendre enfance dans la pratique du quotidien. En revanche, il est tout à fait possible de transformer certains sentiments négatifs et destructeurs, nés d'une différence mal diagnostiquée, mal comprise et mal acceptée, en armes et en atouts pour surmonter ses peines, et surtout, de dépasser les barrières que chacun, comme je viens de l'exposer, dresse sur sa propre route pour éviter de s'accomplir dans la singularité de son destin.

La colère

C'est un sentiment répandu et inévitable dans nos échanges avec le monde. Quand elle arme la révolte de l'adulte surdoué, convaincu d'avoir échoué, elle est destructrice. Elle mène le surdoué à rejeter le monde, à légitimer sa propre mise à l'écart, à adopter un enfermement sous un blindage impénétrable. Elle le pousse à abandonner ses études, à entrer dans la marginalité, et quelquefois encore, elle conduit au suicide. Elle est particulièrement redoutable chez le surdoué, car elle est assortie d'un sentiment de puissance et de légitimité, qui peut le faire basculer dans la grande délinquance, voire une activité criminelle qu'il pratique avec un cynisme redoutable, et d'autant plus de « réussite » que son intelligence lui permet de repérer les failles du système et d'exercer un puissant charisme sur les mafieux ordinaires. Nombreux sont les observateurs qui se sont étonnés qu'un être doté d'aptitudes, d'intelligence et de talents supérieurs à la moyenne ait pu choisir de vivre en contravention avec les règles morales, hors des limites autorisées ; et pourtant, les prisons détiennent un certain nombre d'entre eux. Certains crimes requièrent en effet une intelligence hors norme – escroqueries financières, piratages, activités de faussaire, terrorisme de haut vol, pour n'en citer que quelques-uns. Mais comment, pourquoi certains adultes surefficients intellectuellement, habituellement dotés d'un fort potentiel, on l'a vu, franchissent-ils la ligne ? La réponse est à chercher dans leur besoin de stimulation et dans les dégâts causés par l'entourage dans leur enfance – ces dols qui ont engendré une colère endémique, une colère dans laquelle ils puisent l'idée d'une revanche, la certitude de pouvoir échapper à la règle et un sentiment d'impunité. Certains psychiatres ont diagnostiqué chez ces criminels une psychopathologie résultant d'une éducation déficiente, d'autres ont invoqué une amoralité de nature génétique, d'autres encore y voient l'extension naturelle des capacités que l'enfant précoce a déployées pour contourner les règles imposées par ses parents ou ses enseignants, et qu'il continue de mettre en œuvre au sein de la société. Ceux-là, dans un premier temps, ne cherchent pas à enfreindre la loi ; ils considèrent son détournement comme un jeu, une sorte de partie d'échecs qui excite leur intelligence, un défi à relever avec brio, quel qu'en soit le prix à payer. Le surdoué psychopathe corse ce défi d'un jeu du « gendarme et du voleur » : jusqu'où parviendra-t-il à enfreindre la loi sans se faire prendre ? Le danger le maintient dans l'excitation vitale pour son intellect. Ce jeu commence généralement à l'école ou au collège où le jeune adolescent vole l'argent de la kermesse dans le bureau même de la directrice – non pas qu'il ait besoin de cet argent mais pour prouver que l'effraction était possible sans se faire prendre. Il continue au lycée, où l'étudiant pirate le système informatique pour modifier ses notes. Il persiste plus tard : c'est le comptable qui ponctionne subrepticement les fonds d'une société pour approvisionner un compte personnel, ou l'escroc de grande envergure tel Bernard Madoff. Il arrive aussi, comme dans le cas des « hackers », ces pirates informatiques, qu'ils rencontrent dans cette activité illicite le sentiment d'identité qu'ils ont échoué à trouver dans un cursus traditionnel. Bien évidemment, j'évoque ici des cas limites, exceptionnels au sens premier du terme. Tous les adultes surdoués, fussent-ils en colère, ne deviennent pas des criminels !

Il serait vain d'inviter l'adulte surdoué en colère à ne plus l'être. La paix intérieure ne se décrète pas. Mais, plutôt que diriger sa colère contre lui ou contre son entourage, le surdoué peut la commuer en énergie, en force de propulsion. Sa violence, « retournée », peut dès lors nourrir sa volonté de prouver au monde le bien-fondé de ses vues, de ses attentes, de ses résolutions. La colère, actée, est ainsi sublimée, dans le sens d'une transposition du but pulsionnel en un sentiment supérieur. De ce fait, la colère devient un moteur de la pensée, qu'elle aiguise, affûte, ressaisit. C'est cette colère sublimée qu'on retrouve souvent dans les formules rageuses d'un humoriste, le trait d'un caricaturiste, l'exploit d'un sportif, la force d'une toile. Elle permet dès lors au surdoué de comprendre que son but dans la vie n'est pas de rechercher la normalité – et bien évidemment d'échouer dans sa tentative –, mais de trouver un terrain d'entente avec le groupe, un moyen d'expression qui lui soit intelligible, sans pour autant renoncer à sa singularité ni entamer l'intégrité de sa personnalité.

Le repli sur soi

Il s'agit, là encore, d'un réflexe commun aux surdoués pour masquer leur sensibilité, se protéger de l'afflux d'émotions qui les submerge en société, depuis l'école, quand ils sont confrontés à une situation qui les bouleverse, à la découverte d'un tableau ou d'un morceau de musique qui les ébranlent. Il résulte de cette barrière, fréquente lors du diagnostic de la douance, un « blindage » récurrent, un refus de s'ouvrir à la beauté du monde comme à la détresse d'autrui pour ne pas en souffrir. Ouverture pourtant indispensable à tout acte créatif, à tout mouvement vers le monde justement. Ces défenses ont bien sûr, comme la colère, des aspects positifs. Elles permettent de gérer une situation qui, sans elles, conduirait à une détresse certaine, à une sensation de noyade permanente aggravée par le sentiment d'être ridicule, par l'humiliation de se voir traiter de « femmelette » pour les garçons, de débile pour les filles. Enseignées par les parents d'enfants précoces, qui leur apprennent alors à les mesurer, à les doser, elles conduisent à maîtriser une trop grande fragilité émotionnelle, à trouver la distance exacte pour se protéger sans s'interdire les bénéfices de l'émotion. Mais systématisées chez l'adulte surdoué qui n'a jamais connu ce modus vivendi, elles finissent par le couper du monde, le marginaliser encore plus, lui interdire les voies créatives dans lesquelles, s'il s'y engageait, il s'épanouirait.

L'humour

Cette fragilité émotionnelle peut être, elle aussi, « retournée ». Ce retournement a une forme particulière : l'humour.

Il est, sans conteste, la meilleure des défenses, l'énergie propice à transformer, à son avantage, les faiblesses ou les situations difficiles vécues par les surdoués. Dans un moment d'hostilité que provoque leur différence mal perçue, l'humour désamorce les tensions. Il annihile les situations explosives ; il est la meilleure réponse aux injures. Freud lui-même y voyait « la plus élevée des situations de défense ». L'humour transforme l'énergie des émotions négatives. Il fait relâcher la pression intérieure en permettant d'extérioriser avec légèreté la gravité des émotions et des attentes. Il permet de dire « non » sans violence, ce non si difficile à exprimer chez beaucoup de surdoués, terrorisés à l'idée d'avoir à affronter la réaction consécutive à leur refus. Bien sûr, l'humour n'est pas à la portée de tous les individus, même lorsqu'ils sont surefficients intellectuellement. Mais l'humour procède d'un réflexe de « secondarisation » qui s'apprend. La secondarisation respecte des étapes fondamentales : énoncer le problème, envisager les différentes réactions possibles, analyser les conséquences induites par chacune de ces réactions, choisir, à la lumière de cette analyse, la meilleure d'entre elles. Si le surdoué n'a pas été rompu, dès l'enfance, à cet art d'anticiper, son acquisition sera laborieuse. Mais elle est la clé pour envisager d'évoluer en harmonie avec ses dons. Non seulement elle protège de l'angoisse, mais elle permet un certain contrôle sur le cours des événements. Elle offre un panorama large, dès lors apaisant et non plus anxiogène, de l'avenir et de l'éventail de ses possibles. Enfin, anticiper et secondariser le plus objectivement possible les événements et les émotions dont ils seront la source, apaise le sentiment d'impuissance qui paralyse l'adulte surdoué, balayé par le flux de ses émotions. Ce recours équilibre les réactions émotionnelles extrêmes du surdoué, entre l'action pour l'action, parce que celle-ci permet d'échapper à la trop grande émotivité, ou l'entier abandon à ces émotions (colère, tristesse, indignation) pour se libérer de leur pression, et enfin, le repli sur soi, la fermeture, pour ne plus entendre ni percevoir le monde extérieur… Trois réflexes destructeurs, trois recettes infaillibles pour consolider le rejet des autres, l'isolement, la souffrance. Trois attitudes qui sont souvent adoptées, en alternance, par les adultes surdoués, taxés dès lors de « cyclothymiques ».

Contre l'anticipation et la secondarisation, ces deux clés pour s'adapter au monde, le surdoué dresse souvent une barrière supplémentaire : le refus de l'harmonie. Convaincu que ses pics d'émotion – cette balance perpétuelle entre l'extériorisation et l'intériorisation qui le fragilise, l'épuise et le rend invivable aux yeux de son entourage – sont le corollaire obligé de sa créativité, il refuse d'en guérir. Il considère que le bonheur est insoluble dans son pouvoir inventif, son hyperperception du monde et sa lucidité. Dès lors, il estime que, s'il soigne cette « cyclothymie », il brisera dans le même temps son élan créatif ou étouffera ses dons et ses facultés.

Ces surdoués doivent alors apprendre à perdre la défiance qu'ils éprouvent pour la paix et l'harmonie, et se convaincre que leurs talents ne résultent pas de leurs excès ni de leur compulsion, mais d'eux-mêmes et de leur surefficience intellectuelle. Ils doivent apprendre à différencier leur hypersensibilité émotive et leurs facilités hors norme, la première n'étant pas à l'origine des secondes mais bien, au contraire, une des caractéristiques, une des manifestations de leurs dons.

Prendre en compte la faible estime de soi

La majorité des adultes surdoués ignorent comment fonctionne leur esprit, tout comme ce qui fait la matière de leur singularité. Cette ignorance a pour conséquence une déficience de l'estime de soi. De façon étrange, cette déficience frappe aussi les adultes qui ont pleine connaissance de leur douance, et l'ont exprimée dans des réalisations personnelles. Tous souffrent du syndrome de l'imposteur : la certitude qu'un jour ou l'autre leur entourage découvrira qu'ils ne sont pas ces êtres exceptionnels que l'on croit. Paradoxalement encore, plus le surdoué manifeste son talent par une extrême facilité à mettre en œuvre un raisonnement ou un calcul, plus il dévalorisera ses aptitudes à ses propres yeux. Selon un curieux adage : puisque j'ai résolu ce problème facilement, ce problème n'avait rien d'intéressant ni de difficile.

De plus, parce qu'il est différent et singulier, le surdoué, beaucoup plus que l'individu normal, procède par comparaison pour tenter de se définir. Or il ne compare jamais ce qu'il possède et qui lui est facile – son talent propre – avec un autre individu, surdoué ou pas, mais avec ce qu'il ne possède pas. Ainsi, le physicien génial, reconnu par la société comme éminemment brillant, se sentira stupide au regard d'un écrivain, voire d'un autre physicien lambda mais talentueux dans l'exposé de ses notes ou effectuant une carrière universitaire remarquable. Le romancier exceptionnel dévalorise sa création qui ne présente aucun intérêt scientifique, au contraire des travaux du physicien. Et si son ordinateur tombe en panne, c'est l'informaticien qui le répare qui lui semblera détenir le vrai, le seul, le pur savoir. La survalorisation des talents qu'il n'a pas et la sous-évaluation de ses dons conduisent le surdoué à se sentir souvent « bête » ou inadapté.

Il faut prendre en compte un autre caractère de la douance : plus le QI est faible, plus les individus qui possèdent ce score se ressemblent. A contrario, plus le QI est élevé, plus l'individu qui le possède se distingue des autres, plus il est singulier, différent, et original dans une kyrielle de domaines. Mais le surdoué a tendance à qualifier ces différences non comme un talent, mais comme une bizarrerie.

Prendre en compte le milieu et la société

La douance de l'adulte n'est pas un concept global. Ses manifestations ne sont pas étanches au milieu dans lequel le surdoué évolue depuis l'enfance ni à la société qui le bombarde, lui, sa famille, son groupe, de mots d'ordre culturels. Le sociologue Geert Hofstede a remarquablement théorisé les liens qui existent entre l'évolution de la différence d'un individu et son approche sociologique[1]. Hofstede mettait en évidence les conséquences de la culture sur le fonctionnement de diverses sociétés, et j'ai repris ses théories, en 2006, dans une communication que j'ai faite au *World Council for Gifted Children*, dans laquelle je développais l'idée qu'un adulte surdoué trouvera différemment sa place, et sera différemment perçu selon le milieu dans lequel il vit. La tolérance du groupe à certaines caractéristiques de cette différence varie considérablement d'un environnement social à l'autre. Il convient dès lors de travailler sur soi dans

1. Geert HOFSTEDE, *Cultural Consequences*, Thousand Oaks (Ca), Sage Publications, 2001.

le sens du courant général. En un mot, d'étudier la société, puis l'entourage dans lesquels le surdoué évolue depuis son enfance.

Ainsi, à partir de mon expérience de clinicienne, j'ai pu mettre en pratique, dans le cas de la douance, certaines des conclusions de Geert Hofstede qu'il convient de prendre en compte dans les solutions proposées aux adultes en souffrance :

• L'adulte surdoué qui vit dans une société qui évite fortement les risques aura plus de mal à s'intégrer que celui qui évolue dans un milieu où le défi est le modus vivendi habituel de ses membres. Hors norme, difficile à comprendre, déstabilisant par ses idées, ses réactions et ses attentes, il est perçu comme anxiogène, facteur de déséquilibre, un danger pour l'harmonie générale. Il se démarque d'autant plus fortement de son groupe d'appartenance qu'il est doté d'une capacité naturelle à prendre des risques.

• L'adulte surdoué sera encore plus marginalisé dans une société où l'autorité est fondée sur la tradition. Une relation à l'autorité et au pouvoir très forte, comme en France, engendre un fonctionnement sociétal très hiérarchisé, où l'égalité prédomine sur la liberté. Or l'adulte surdoué se démarque par l'originalité de ses valeurs et de sa démarche personnelle, et par la très grande liberté de ses vues. Cette communauté tendra à le marginaliser.

• La société française est fondée sur une ambivalence paradoxale, que le sociologue Michel Crozier[1] a mise en évidence : un mélange d'individualisme forcené et de

1. Michel CROZIER, *Le Phénomène bureaucratique*, Paris, Le Seuil, 1971.

grande dépendance vis-à-vis de l'État et de ses structures. Cette ambivalence explique pourquoi, alors que l'adulte surdoué s'épanouit dans un milieu individualiste, il ne trouve pas ses marques dans la société française. C'est que l'attente qui prévaut dans ce pays est le respect de la règle du jeu. Or le surdoué a les siennes propres, les seules qui lui permettent de s'accomplir.

• Une société dominée par un appareil d'État fort privilégie le long terme par rapport au court terme. C'est encore le cas de la France. Or la structure intellectuelle du surdoué le conduit à passer très rapidement d'un projet à un autre, voire à les mettre en concurrence pour en tirer la meilleure synthèse. Cette faculté, qui devrait lui ménager une place de choix dans des entreprises entravées par l'appareil administratif, les lois et les décrets auxquels elles doivent se soumettre, le pénalise au contraire car elle bouleverse la culture générale de la structure. De plus, le court terme du surdoué n'est pas de la même nature que le court terme des autres. Comme le souligne Hofstede, le surdoué procède de façon « chorale », sur une variété d'hypothèses au lieu de les étudier, comme la plupart des gens, les unes après les autres. Ce mode, incompris, est souvent interprété comme une forme de dilettantisme et une absence de rigueur.

Dès lors, il faut que l'adulte surdoué sache prendre la juste mesure de ces éléments non seulement dans le choix de ses activités, mais aussi dans celui du secteur où il s'exprimera. Ainsi, il doit privilégier les secteurs où les prises de risque font partie intégrante de la culture d'entreprise. La fonction publique, les grands groupes internationaux ne conviendront pas, a priori, à sa nature et à son fonctionnement intellectuel si singulier. La politique, quand bien même il est capable d'ouvrir de nouvelles voies, de dépoussiérer les approches, lui est interdite si elle est liée à un appareil de parti, à la recherche d'un consensus. S'il le peut, il créera sa propre entreprise, s'orientera vers des domaines créatifs – agences de publicité, relations publiques, studios d'art graphique, création artistique. Il ouvrira son agence de marketing ou de management, activités qui induisent de nouveaux modes de pensée, ou encore il s'intéressera aux nouvelles technologies, disciplines dans lesquelles il n'aura pas à affronter le poids d'une tradition établie depuis des années.

Valider la différence

Je l'ai déjà souligné, et je le répète, la surefficience intellectuelle doit être validée, non seulement par un test qui balaie toute ambiguïté et diagnostique précisément l'identité du sujet (et dès lors la nature de son comportement ou de ses souffrances), mais encore et surtout par le sujet lui-même et par son entourage.

Cette nécessaire validation doit se mettre en place dès l'enfance, par les parents, puis par les enseignants et les institutions qui symbolisent l'autorité ou qui l'exercent sur l'enfant. Il faut en effet préciser que, contrairement à ce que relaient beaucoup d'idées reçues, l'identité d'un être, même s'il est difficile de la définir de façon scientifique et totalement satisfaisante, n'est pas une donnée acquise et immuable à la naissance – c'est-à-dire statique. Sans entrer dans l'éternel débat de l'inné et de l'acquis, il faut savoir que l'identité d'un individu est un ensemble de caractères en perpétuel mouvement, dont l'évolution de chacun agit sur celle des autres. Le psychanalyste américain Eric Erikson, inventeur de la théorie du développement psychosocial, qui a consacré son œuvre à l'étude de l'identité et de sa formation, a établi l'importance d'inclure tous ces aspects du « soi », en tenant compte du conscient et de l'inconscient, pour définir ce qui constitue un être humain unique.

Pour se former, pose Erikson, l'identité intègre simultanément les fruits de la réflexion et de l'observation, et cette construction s'effectue à tous les niveaux du fonctionnement mental. Autrement dit, l'individu module son comportement en fonction de la censure qu'il exerce sur lui, elle-même dictée par ce qu'il perçoit du jugement que les autres portent sur lui, par comparaison avec lui-même et selon une topologie acceptée comme signifiante pour les autres. Cette formation de l'identité, en grande partie inconsciente, est fortement influencée par le monde interne du « soi ».

À la lumière de cette donnée, Erikson a souligné les décalages existants entre ce « soi » interne (ce « self ») et l'identité que l'individu construit pour se conformer à la règle générale et bénéficier d'un jugement favorable (« faux self »). C'est chez les surdoués que ce décalage se manifeste le plus intensément et qu'il induit les plus grandes souffrances. D'où la nécessité de valider la différence du surdoué, de façon que le jugement que le sujet portera sur lui-même et celui que portera son entourage sur son comportement soient édifiés en connaissance de cause.

Le psychiatre américain Andrew Mahoney, dans un article intitulé « Conseiller le surdoué[1] », a très bien résumé

1. Andrew MAHONEY, « The Gifted Indentity Formation Model », *Roeper Review*, 1998, vol. 20, nº 3, p. 222-226.

l'impact de cette validation dans le développement de l'identité de l'enfant puis, plus tard, de l'adulte surdoués :

L'enfant est dépendant de cette reconnaissance pour construire harmonieusement son identité

L'enfant s'épanouira affectivement si sa conduite singulière est acceptée comme partie intégrante de son être, s'il est compris et non réprimé ou rabroué, si ses parents, avertis de sa précocité, renoncent à le « normaliser ».

Comme un diabétique à qui il faut donner de l'insuline, l'enfant précoce a besoin, pour se développer, d'un régime éducatif particulier et d'un accompagnement qui lui permettront de pallier les difficultés qui lui sont propres et d'éviter ainsi les échecs.

Cette précocité doit être reconnue par une autorité

La source de cette validation, selon son autorité, pourra limiter ou renforcer cette identité. Si ce qualificatif a été lancé sur la simple intuition d'un enseignant, voire d'un psychologue, qui ne l'a pas validé par la batterie de tests, le doute subsistera. Si la précocité n'est pas encadrée, l'apprentissage de l'enfant guidé par des programmes spécifiques et réservés à la précocité, celui-ci pourra toujours mettre en question ce diagnostic. Or mon expérience de clinicienne me permet d'affirmer que tous ceux qui estiment que leur surefficience intellectuelle est sujette à caution souffrent d'une déficience de l'estime de soi. La réalisation du don est proportionnelle à l'estime de soi.

La reconnaissance de la précocité par les parents est essentielle dans la construction d'une image positive de lui-même chez l'enfant surdoué

La conscience, chez le parent, de la précocité de son enfant, son attitude face à cet éveil, sont déterminants pour l'avenir du surdoué. C'est à partir de cette attitude que l'adulte s'est construit, a modelé son comportement et ses réponses au stress du monde. Ses parents sont-ils restés sans réaction, ont-ils été embarrassés ? Ont-ils pris leurs distances ? Sont-ils devenus les alliés de l'enfant ? L'ont-ils surinvesti de leurs propres attentes ? Il faut aussi savoir que ce diagnostic ne soulève pas toujours l'enthousiasme de l'entourage, quel que soit l'âge auquel il est posé, et que l'adulte surdoué épanoui a bénéficié dans son enfance d'un accompagnement positif de ses dons, qu'il a reçu de son entourage encouragements et soutien.

Pour s'épanouir, la douance a besoin non seulement d'être reconnue, mais de trouver l'espace nécessaire pour s'affirmer

Or s'affirmer implique une interaction avec le monde. L'apprentissage, l'expérience, l'avis de l'entourage (familial dans les premières années, professionnel plus tard) offrent les occasions de cette interaction, qui dès lors renforcent chez l'adulte surdoué la conscience de sa différence et de sa singularité. Les réponses au talent peuvent être négatives et le nécroser. Dans ce cas, la douance se commue en souffrance et en culpabilité. Le cas des femmes surdouées est, à cet égard, significatif. Peu de parents soutiennent la précocité de leur fille, pour des raisons très variées. Culturellement, l'idée que la carrière d'une femme n'est pas prioritaire dans son épanouissement les dispense des efforts et de l'encadrement qu'implique la précocité. Il y a aussi la peur de singulariser davantage leur enfant en la poussant vers des voies qui la priveront des joies de la maternité. Elles sont nombreuses ces femmes qui ont témoigné de leur souffrance, tenaillées entre leur crainte de perdre l'homme qu'elles aiment et leur désir d'exprimer ce talent personnel qu'elles refoulaient depuis toujours. Les rencontres sont alors essentielles pour les surdoués, car elles offrent l'opportunité d'alliances possibles avec d'autres surdoués, ou avec des êtres déterminés à les aider à affirmer leurs talents et à laisser s'épanouir leur singularité. Elles permettent à l'adulte surdoué de prendre conscience de ses affinités avec le monde – ces liens qui établissent des ponts entre l'individu et tout ce qui l'entoure : êtres, nature, arts, qui donnent un sens à la vie, libèrent de l'aliénation et fondent les relations humaines. Sur ce point particulier, force est de constater que ces rencontres, idéales, sont aussi très rares et que la solitude et le sentiment d'être incompris sont deux tourments récurrents chez les adultes surefficients intellectuellement.

Repérer le rôle des groupes qui interviennent dans la constitution de l'identité

On l'a dit, il n'y a pas de recette miracle ni de modèle type de l'adulte surdoué. Cependant, les éléments qui lui sont extérieurs et qui interviennent dans le développement et la formation de son identité sont connus. Pour s'épanouir, le surdoué devra analyser le rôle que chacun de ces éléments joue dans sa vie, selon l'importance qu'il lui accorde ou le poids qu'il a subi de leur part depuis sa jeunesse, cela étant encore fonction de son milieu socioculturel. Ces groupes, sur lesquels s'appuie le psychiatre Andrew Mahoney dans son accompagnement des adultes surdoués, doivent absolument être pris en compte avant d'établir une thérapie. Voici les principaux éléments que le clinicien étudiera à la lumière du cas toujours particulier que présente son patient :

• Le **soi** : autant dire, dans le contexte qui nous intéresse, l'ensemble des valeurs et des croyances de l'individu, mais aussi la perception qu'il a – ou n'a pas – d'être un adulte surdoué, alliée à celle que les autres ont de sa douance et au jugement qu'ils portent sur lui. Les cliniciens constatent de grands décalages entre les réalisations d'un individu (ses diplômes, sa situation professionnelle, ses responsabilités dans la vie et dans l'entreprise) et sa perception de ses capacités intellectuelles et de celles des autres. Il s'agira de déterminer en priorité quelle est la perception de ce soi Que pense l'adulte surdoué de ses dons ? Les reconnaît-il ?

• La **famille** : les parents, les conjoints et les enfants. Qu'attendent-ils de l'individu surdoué ? Quelle est leur relation de dépendance affective, financière ? Connaissent-ils la douance de leur père/mère/enfant ? S'en réjouissent-ils ? S'en affectent-ils ? La redoutent-ils ? Cherchent-ils à la brimer ou à la valoriser ?

• La **famille étendue** : celle des grands-parents et des ancêtres, dans ce qu'ils symbolisent de traditions, de valeurs et de culture familiale. Il faut mesurer le poids de cette culture dans l'identité même de la famille : le surdoué pourra-t-il être cinéaste dans une famille de professeurs de médecine, de grands avocats ? Ou chirurgien dans une lignée de cinéastes ou de musiciens ?

• La **culture** : c'est l'héritage général dû à son sexe, sa race, sa religion. Il faut garder en tête que chaque groupe possède sa propre définition de la douance et son propre système de valeurs pour y répondre. Dans certaines cultures, la douance ne s'envisage même pas. Dans d'autres, elle n'a qu'un référent : ainsi, en France, la réussite scolaire et universitaire.

• L'**environnement géographique** : on fait référence ici au lieu où naît et où grandit l'enfant précoce, où s'établit (ou non) l'adulte surdoué que cet enfant devient. Il n'y a aucune égalité dans l'accueil de la douance quand on vient au monde dans une ferme isolée ou dans une capitale, dans une banlieue parisienne (et telle banlieue particulière) ou dans une ville moyenne. Plus tard, le tissu professionnel propre à cet environnement favorisera ou pas l'expression et l'épanouissement des talents, la nécessité de s'exiler et la possibilité de le faire.

• Le **système éducatif** : comme pour l'environnement géographique, sa richesse – concurrence possible entre les établissements, qualité des professeurs, choix plus ou moins important d'options singulières, d'activités parascolaires, enseignement supérieur – déterminera non seulement l'épanouissement des dons, mais encore leur diagnostic.

• La **personnalité** même de l'adulte surdoué : autrement dit, la prédominance chez lui d'un des traits de caractère que nous avons énoncés, et qui détermine son développement et ses choix, ainsi que l'affirmation chez lui d'une vocation précise.

• Le **système politique** : en ce qu'il a mis en place une politique particulière pour les enfants précoces, selon un choix de société plus large. Envisage-t-il un soutien à l'éducation des enfants précoces ou préfère-t-il privilégier l'égalité des chances et la normalisation des enfants ?

• Les **cycles de vie** : c'est-à-dire, dans une société particulière, le regard porté sur l'âge de l'individu et la place qu'on lui autorise en fonction de son âge. Ainsi, quel accueil réserve-t-on à un quinquagénaire désireux de créer sa première entreprise ? Voire un sexagénaire ? Une mère de famille ? Un jeune qui n'a pas encore atteint la trentaine ?

4.

Qui suis-je vraiment ? La question de l'identité profonde

Le premier travail du psychologue confronté à un adulte surefficient, qu'il s'ignore ou pas, consiste à l'aider soit à nommer sa différence, soit à mettre en évidence les rapports entre sa douance et sa souffrance. Il lui faudra donc l'aider à dénouer, d'une part, ce qui fait l'essence de cette différence en en démontant chaque mécanisme, et, d'autre part, à distinguer ce qui constitue sa personnalité profonde (ce que les cliniciens appellent le self) de ce qu'il a plaqué, déformé, tenté d'adapter pour répondre aux problèmes que sa différence lui a posés et aux blessures qu'elle lui a infligées (son faux self).

Vrai self, faux self : le cœur du problème

On a vu qu'un trop grand décalage entre les deux, fréquent chez les surdoués, pouvait induire une crise d'identité qui, si elle n'est ni diagnostiquée ni soignée, conduit à une aboulie, à un état dépressif, une amertume, voire à une aigreur, un sentiment d'aliénation et de claustration. Et enfin, à un refus de répondre aux influx créatifs, à l'élan initial de tout l'être vers le monde. C'est ce rapport entre self et faux self qu'on abordera dans ce chapitre, nœud de la formation de l'identité, de la notion de soi et de l'estime de soi. Cette étude est indispensable pour que chacun comprenne à quel instant de sa vie, dans quel événement particulier, son développement s'est stérilisé, quand et comment il a renoncé à laisser libre cours à son être profond pour ne plus donner la parole qu'au faux self et alors, comment il s'est fourvoyé.

Tout d'abord, il faut préciser que le terme *self*, traduction anglaise du mot « soi », a été largement utilisé par les chercheurs, que ce soit en psychologie ou en psychanalyse. Dans la première de ces deux disciplines, son concept a fondé la psychologie analytique et la psychologie sociale ; en psychanalyse, Donald Woods Winnicott l'a assorti de son corollaire, le faux self[1], et a étudié les rapports qui unissent l'un à l'autre. C'est précisément cette approche que nous retiendrons ici, les conclusions de cet auteur s'étant révélées particulièrement fructueuses pour l'analyse du comportement des adultes surdoués. Dans l'acception de Winnicott, le vrai soi désigne l'image que le sujet se fait de lui-même, et qui correspond effectivement à ce qu'il est et ce qu'il perçoit à travers une réaction adaptée. Le faux soi, en revanche, correspond à une personnalité qui s'est constituée pour s'adapter à une situation contraignante et mal gérée. Le faux soi tente de copier au mieux l'image attendue par le groupe et le rôle que ce groupe impose à l'individu.

1. Donald W. WINNICOTT, *Processus de maturation chez l'enfant*, Paris, Payot, 1989.

Le self

Le soi (self) est une construction, une métaphore, une façon de percevoir et de conceptualiser des modèles d'actions volontaires, ainsi que l'expérience interne de sa propre vie. Il est le fruit d'une conscience de soi qui se développe, depuis la naissance et tout au long de la vie ; il s'aiguise avec le temps et la capacité croissante de penser dans l'abstraction. Le soi est soumis aux influx émotionnels, ainsi qu'au désir de cohérence et de quête d'un sens global nécessaires à l'équilibre de l'individu. Winnicott le définit comme la « position théorique d'où proviennent le geste spontané et l'idée personnelle ». Selon lui encore, dans chaque geste spontané, chaque sentiment immédiat que nous exprimons et que nous ressentons, nous révélons notre « vrai soi ». Autrement dit, le self est entré en action. « Seul le vrai self peut être créateur, et seul le vrai self peut être ressenti comme réel », pose encore ce psychiatre.

Dès la plus tendre enfance, le self se manifeste de deux manières : dans la maîtrise des objets de l'environnement, qui procure un sentiment de compétence et, partant, d'épanouissement, et dans la comparaison avec les autres individus et l'évaluation de leurs capacités, qui permet d'élaborer un sentiment relatif de valeur personnelle. Il se développe donc dans un double mouvement de miroir et d'empathie. Miroir des yeux des parents, empathie dans le désir de participer et de répondre à leurs émotions. Si ces évaluations externes s'avèrent positives, une acceptation de soi se met en place. Si elles sont négatives, c'est un rejet de soi qui s'ensuit, doublé d'un sentiment de honte et de détresse.

Dans la construction du soi, les évaluations externes sont beaucoup plus puissantes que le sentiment personnel de compétence résultant de la maîtrise de son environnement. Confrontée à une critique constante, une personne mettra en doute ses capacités personnelles, si intelligente et compétente soit-elle. Elle étouffera son self, pourtant le seul à même de permettre l'expérience créatrice puisqu'il est l'aire du potentiel de l'individu. Or la compétence des adultes à haut potentiel et l'activité créatrice sont des facteurs essentiels dans le développement de leur soi. L'étouffement du self devient chez eux beaucoup plus problématique dans ses conséquences que chez un individu d'efficience intellectuelle normale.

Le faux self

Masque élaboré depuis la plus tendre enfance pour protéger le self, le faux self, quand son développement s'est fait dans un cursus normal et harmonieux, a une fonction positive dans l'équilibre d'un individu et dans son comportement. Il est créé par chaque être, dès les tout premiers mois de sa vie, au fur et à mesure de l'introduction dans son monde des contraintes et exigences qui interdisent au vrai self de s'exprimer pleinement. Cette éducation de ce que le vrai self peut faire ou ne pas faire dans la société des hommes, la mère la conduit depuis la naissance de son enfant, lui permettant ainsi d'élaborer petit à petit ce faux self grâce auquel il pourra, comme le remarque Winnicott, s'organiser « une vie sociale polie, de bonnes manières et une certaine réserve » indispensables à une vie sociale harmonieuse.

Si les contraintes que la mère oppose aux désirs et aux besoins de son nourrisson excèdent celles communément admises, si la mère impose de manière autoritaire et coercitive sa vision des choses et son geste, le bébé va développer ce faux self de façon prépondérante, exagérée, interdisant toute initiative et toute expression à son self. Dès lors, toute expérience créative, tout mouvement spontané de l'enfant, tout son allant vers le monde sont gravement compromis. Il se soumet intégralement au modèle que lui dicte l'autorité – maternelle tout d'abord –, puis de toute autre autorité qui croisera son chemin d'écolier, d'étudiant, de travailleur, pour s'en faire accepter…

Les travaux de Winnicott ont été repris par un grand nombre de psychanalystes et de cliniciens, lors de leurs consultations, afin de déterminer chez un individu en souffrance dans quelle mesure l'harmonie entre son self et son faux self a été perturbé, et s'il l'a été, à quel degré. C'est en effet cette disproportion qui induit les tourments, le mal-être, voire, plus gravement, certaines pathologies.

Les degrés d'organisation du faux self

Sous ce titre, Winnicott a recensé les cinq stades qui marquent les déséquilibres possibles entre le self et le faux self.

Dans une configuration idéale, en haut de l'échelle, chacun des deux joue son rôle dans le comportement social et affectif de l'individu : le self exprime et développe le potentiel inné du sujet, le faux self le protège des agressions possibles dont il pourrait être victime dans certaines circonstances s'il se manifestait dans toute sa vérité – ce sont ces « mensonges utiles » que nous avons évoqués, l'amabilité de convenance, le respect des règles de politesse, tout ce qui rend la vie sociale possible.

À l'opposé de cet idéal, le faux self recouvre tous les territoires où le self s'extérioriserait normalement. Le vrai self est inapparent, toujours dissimulé. Il s'ensuit une confusion pour l'entourage, et parfois pour le sujet lui-même, entre le faux self et la personnalité de l'individu. Dans ce cas extrême, fait remarquer Winnicott, l'environnement social ressent très souvent un malaise profond, né de l'intuition qu'il manque à cette personne « quelque chose d'essentiel ». L'impression d'un être « faux », hypocrite, qui va progressivement l'isoler.

De multiples éléments peuvent entrer en jeu dans la constitution de ce déséquilibre et l'accentuer avec plus ou moins de gravité. Des circonstances particulières, comme la perturbation du milieu habituel dans lequel l'individu a évolué jusque-là, peuvent le conduire à recourir davantage à son faux self – changement de la société dans laquelle il travaillait, de pays ou de culture, dangers ambiants, menaces réelles. Dès lors, l'individu aura tendance à établir son comportement sur la base d'identifications calquées sur le modèle des autorités qui l'entourent et sur ce qu'elles attendent de lui en général. Le faux self, dans ce cas de figure, exerce sa fonction protectrice. Tant que le vrai self ne disparaît pas entièrement, le déséquilibre ne présente pas de danger pathologique.

Le cas des adultes à fort potentiel

Ce modèle de formation et de développement de l'identité est celui qui correspond à la grande majorité des individus. Cependant, pour les 2 % qui représentent la population des surdoués, ce modèle est inopérant. En effet, dans le cas d'un surdoué, la singularité du self est telle, dans sa nature et dans ce qu'elle manifeste, que les contraintes que la mère, dans un premier temps, l'environnement général plus tard, lui opposent, lui sont incompréhensibles parce qu'elles sont totalement inadaptées à la qualité et au niveau de son intelligence, comme au subtil et singulier cocktail de caractères qui le définit. Son intelligence se mettra alors à développer un faux self qui dominera le self jusqu'à l'étouffer, puisque ce « soi » est perçu, avec une lucidité et une acuité aiguës, comme une source d'angoisse pour la mère et d'inquiétude voire de répulsion pour l'environnement.

Chez le surdoué, remarque le psychiatre Winnicott, c'est l'esprit qui est le siège du faux self. Chez lui, en effet, le double principe du miroir et de l'empathie, qui contribue au développement de l'identité chez tout un chacun, ne peut pas jouer. Sa singularité lui apparaît immédiatement, si grande qu'elle lui interdit de trouver dans l'expression de son self les caractères du commun des mortels. Quand il donne libre cours à son self, par empathie avec le monde, sa différence patente heurte le groupe qui lui renvoie une réponse négative. Il va donc fabriquer un faux self pour tenter de faire accepter sa personnalité si inquiétante, déstabilisante ou antipathique aux yeux de ses proches et de la société. Chez le surdoué, ce faux self englobe souvent les notes brillantes à l'école et l'exceptionnelle réussite universitaire, puisque ces résultats semblent être attendus par la famille et qu'ils lui procurent la satisfaction de se voir applaudi. Est-il plus chéri pour autant ? Plus *sincèrement* aimé ?

« J'aimerais être aimé pour moi-même », est la phrase que j'entends le plus souvent dans mon cabinet. Cette petite phrase, résumé pudique d'un profond vécu de spoliation, révèle à elle seule l'immense décalage entre ce que le surdoué pense être réellement, ou ce qu'il aurait aimé être, et ce que son entourage l'a poussé à devenir. Elle révèle aussi l'angoisse née du sentiment originel que le self, ce moi véritable, ne pourrait de toute façon pas être aimable. Nous avons vu, dans la première partie, les attitudes adoptées par le surdoué pour affronter cette douleur, de l'évitement au mimétisme. Ce sont les dangers de ce faux self, pour l'épanouissement et l'équilibre du surdoué, que je vais aborder maintenant.

Les dangers du faux self

Il est dangereux de nier ce que nous sommes, non seulement parce que l'ignorer induit un profond sentiment de frustration et d'angoisse, mais aussi parce que ne pas être nous-mêmes met en péril notre santé – par le stress que cela induit – et notre qualité de vie. Dans le cas du surdoué, la négation de son don peut sembler, dans un premier temps, un choix sans risque, voire une protection. Mais passer à côté de sa vie, ou mener celle d'un être virtuel, construit en conformité avec le miroir social, n'offre aucune gratification personnelle, aucun confort psychologique. Au mieux, le surdoué vit à un niveau zéro de satisfaction. Il a évité les agressions que sa différence suscitait à l'école ou en société, mais pour quel épanouissement personnel ? De plus, la négation de son self n'induit pas de sentiment d'appartenance réelle au groupe. L'adhésion reste superficielle et ne procure aucune confiance en soi. Enfin, le talent, négligé, s'atrophie mais ne disparaît pas. L'adulte à fort potentiel garde la conscience de ses capacités et l'intuition qu'il existe un réel danger à laisser ses dons en friche. Dès lors, l'harmonie apparente qu'il rencontre en copiant le modus vivendi ambiant est laminée par la culpabilité d'ignorer ses dons, et par la tristesse de passer à côté de quelque chose de forcément fort et excitant.

L'effet le plus redoutable du faux self, dans le cas de la douance, consiste à endormir cette intuition, et à convaincre l'individu que ses talents ne sont que des caractères communs, des aspirations banales qu'il est inutile de chercher à exprimer ou à développer. C'est l'étonnement de Maurice, que j'ai évoqué un peu plus haut, quand il a mis en évidence le paradoxe auquel il était resté sourd jusqu'à ses cinquante ans : son désir vital de mettre en œuvre son projet combiné à la certitude que ce projet n'avait aucune valeur. « Ce que je voulais faire, je pensais que tout le monde pouvait le faire aussi, que mes idées n'avaient rien d'original, qu'elles ne pouvaient intéresser personne tant elles étaient banales ! »

« Mais comment ce faux self se met-il en place et étouffe-t-il la vraie personnalité, chez des êtres doués d'une telle intelligence ? », demande souvent l'entourage des adultes surdoués qui viennent me consulter, à qui j'explique la nature des souffrances de leur proche. (Et nous verrons un peu plus loin à quel point il est essentiel qu'ils participent au travail du patient pour se réapproprier son self, son identité profonde et véritable.)

La perte de contact avec son soi profond

Les cliniciens ont répertorié quatre attitudes responsables de la perte de contact avec ce soi profond, originel, qui s'est enfoui à force de « Tu dois » et « Tu ne dois pas », à force de « Qu'est-ce qui ne va pas avec toi ? », ou de « Pourquoi tu ne fais jamais rien comme les autres ? » et de « On dirait que tu fais exprès de me contrarier ». Ces attitudes sont de même nature que les barrières répertoriées plus haut pour nier sa douance :

Cultiver un faux self

On l'a vu, cultiver un faux self est une façon de se protéger de son environnement. Or notre façon même de nous préserver définit notre personnalité : « J'ai eu tellement peur de ce qu'on penserait de moi, tellement peur d'être rejetée, que j'ai fini par me rejeter moi-même. Quel temps perdu à me nier ou à m'accuser ! », témoigne Diane, quarante-cinq ans.

Diane a toujours voulu être la bonne fille, la bonne élève, la bonne employée. Le conformisme lui semblait le seul mode pour être adoptée par le groupe et faire barrière au chaos et à la solitude qu'elle redoutait. Elle a enfilé ce costume que lui avait préparé la société, jusqu'au beau mariage. Mais si brillant que soit ce costume, il n'offre qu'une vie de théâtre et de répétition ; son port ne procure aucune estime de soi.

Il convient alors de se demander si ce qui gouverne notre conduite, si ce que nous pensons être nous appartient vraiment, et quelle part de notre identité nous paraît authentique.

Nier ses talents

Marie Rocamora, thérapeute qui a consacré ses travaux aux adultes à fort potentiel, insiste sur ce blocage, fréquent chez les surdoués. Cacher ses talents protège des critiques qu'ils pourraient nous attirer. L'expérience a renforcé ce constat. Plus le surdoué a adopté un « profil bas », plus l'approbation du groupe a été large. Ces blocages se sont mis en place très progressivement, et de façon si subtile qu'il semble impossible au surdoué d'agir autrement. Fort heureusement, le destin peut parfois provoquer un déclic.

« J'ai résisté de toutes mes forces lorsque vous tentiez de me faire prendre conscience de mes talents de musicien », a reconnu Bertrand au terme de nos consultations. Enfant précoce, passionné de musique, Bertrand a été conduit par son père à faire de brillantes études de finances pour reprendre l'étude familiale. Il n'a plus jamais touché à un instrument de musique, loisir infructueux selon ses parents. La quarantaine venue, malgré un mariage heureux, une brillante réussite sociale et matérielle, la dépression qui l'a frappé de plein fouet l'a conduit dans mon cabinet où sa précocité a été confirmée par une batterie de tests. Cependant, ce n'est pas là l'élément déterminant qui lui fit accepter la réalité de son grand talent de musicien et sa culpabilité à n'en rien avoir fait, mais plutôt un voyage à l'étranger où la mélodie de chants locaux a ouvert les vannes. Bertrand s'est mis à composer des chansons, les a fait écouter, et s'est vu passer commande par un interprète connu. Aujourd'hui, il se partage entre son activité d'auteur-compositeur qui l'épanouit, et les finances qu'il aborde avec une créativité qu'il étouffait jusque-là.

Beaucoup d'autres adultes surdoués ont nié leur talent parce qu'ils se sentaient coupables d'avoir des aptitudes supérieures, des facilités ou un don. Or la culpabilité mine subrepticement et empêche de se sentir libre. Tandis que l'individu normal se sent coupable d'avoir commis une mauvaise action, le surdoué éprouve cette culpabilité parce qu'il se sent différent.

« J'ai fait tout mon possible pour ne pas me faire remarquer, mais ça ne m'a guère aidé car, au même instant, je me suis senti coupable de ne pas être moi-même, d'être lâche. Quoi que je fasse, je me sens coupable et c'est un enfer », m'a dit Manuel lors de sa première consultation.

Il convient donc de dépasser la culpabilité causée par sa différence en se répétant qu'il n'y a rien de répréhensible à être surdoué, et que ce don n'a été volé à personne. Mais pour se débarrasser de cette culpabilité, il est essentiel de définir qui est responsable, et de quoi.

Ne pas prendre de risques

Une vie sans prise de risque réduit au statut d'automate. Le faux self est alors à la fois en position de juge, de juré et de bourreau. Certes, le risque est facteur d'anxiété, mais il est aussi source d'énergie, acte de liberté et d'estime de soi. La peur du risque est universelle, mais elle est particulièrement forte chez le surdoué. Elle est motivée par la crainte de l'échec, assortie d'une peur de l'humiliation et de la mise au ban, redoutée entre toutes.

En outre, prendre un risque et réussir peut révéler la douance aux yeux du plus grand nombre et beaucoup de surdoués veulent rester dans l'ombre pour avoir, pensent-ils, la paix.

« Je n'oublierai jamais les railleries ni les plaisanteries familiales qui ont accueilli mon échec, lorsque j'ai décidé de faire médecine. Aujourd'hui encore, il est fréquent qu'au cours de réunions familiales, on me demande si je me souviens du jour où je me suis cru plus fort que je ne l'étais en m'inscrivant dans cette prépa. De ce jour, j'ai décidé de ne plus rien tenter », a fini par me raconter Romain.

Élevé dans une famille de fonctionnaires, pour qui seule la fonction publique pouvait assurer confort et sécurité, Romain était un enfant précoce qui s'est toujours ignoré. Dyslexique, mal préparé pour ce concours qui répondait à sa vocation de toujours, il n'a pas été reçu à sa première tentative. Le doute, l'humiliation, les moqueries « affectueuses » de parents que sa différence et sa vivacité d'esprit avaient toujours déconcertés, lui ont interdit toute nouvelle tentative.

Il faut apprendre à gérer l'inconnu pour se donner le plus de chances possible d'être récompensé, avec un travail sur soi, une longue préparation, des entraînements appropriés et l'apprentissage de la patience. Ce n'est pas parce qu'on se sent « différent » que l'on va échouer. Et ce n'est pas parce qu'on est surdoué qu'aucune épreuve ne nous résiste. Si l'on n'y est pas préparé ou si les connaissances manquent, l'examen se soldera par un échec. Enfin, pour apprendre à sortir du placard, il faut analyser les raisons profondes de son refus du risque, et accepter de lier sa souffrance à cette aboulie.

Rechercher l'approbation des autres

Vouloir toujours plaire et recueillir l'approbation des autres révèle une sérieuse carence de confiance en soi. Non seulement on dépense une énergie folle pour se faire accepter, mais on fragilise davantage l'estime que l'on se porte. Pour l'adulte surdoué, cette attente est le pire des freins au développement personnel et à l'épanouissement. Sa singularité ne trouvera jamais d'écho satisfaisant dans le groupe. Il développera alors le faux self le plus éloigné de sa personnalité profonde, de son vrai soi, qu'il juge négativement, comme une entrave à l'affection des autres.

« Quoi qu'ils en pensent, j'ai décidé de prendre une année sabbatique, de faire le point et de reconsidérer ce qu'il faut entendre par réussite. Jusque-là, j'ai toujours cru que pour être aimé, il fallait que je devienne un héros. » C'est la décision de Jean-Denis, quarante ans, fils unique, enfant précoce. Surinvesti dès son plus jeune âge par ses parents, eux-mêmes hauts fonctionnaires, Jean-

Denis avait répondu positivement à leurs attentes. Excellentes notes dans les meilleurs établissements scolaires, progrès constants au conservatoire, coupes de natation, classes préparatoires puis Sciences politiques et enfin, le concours de l'Ena. Il avait appris par cœur la leçon que lui avaient enseignée les siens, selon laquelle être un excellent fils, être bon et avoir de la valeur consistait à réussir socialement et financièrement de la façon la plus éclatante possible. En toute logique, il avait épousé une jeune femme très ambitieuse, considérée comme un excellent parti. Volontaire et très travailleur, il avait accumulé les succès sans pour autant être jamais satisfait ni vraiment heureux. Il se sentait souvent vide, absent, et de plus en plus insensible aux satisfactions qu'il aurait dû éprouver, mais il était incapable de ralentir le rythme et restait terrifié à l'idée de décevoir l'admiration de son entourage. Jusqu'à ce que les tensions entre son moi profond et son faux self deviennent trop fortes et qu'il s'effondre.

Il faut apprendre à faire la part entre ce qu'on a accompli pour faire plaisir, et ce qu'on accomplit pour répondre à un désir personnel. L'exercice est difficile, car il demande de différencier ce que l'on est de ce que l'on fait, et donc de laisser son self prendre la parole et révéler son identité. Il est néanmoins indispensable pour éviter les processus d'autodestruction qui peuvent résulter de ces situations, et qui se traduisent par des affections psychosomatiques, des automutilations ou des névroses.

Gérer les mécanismes de défense

On l'a vu, l'adulte surdoué a besoin, plus que n'importe quel autre individu, de développer des « mécanismes de défense » pour protéger et affirmer sa différence. Cette expression est apparue pour la première fois en 1894, sous la plume de Sigmund Freud, dans un article intitulé « Les psychonévroses de défense[1] ». Sa fille Anna a enrichi la réflexion en publiant le premier ouvrage entièrement consacré à ce sujet[2]. À leur tour, ses travaux ont été développés et des thèmes plus particuliers mis en lumière par un grand nombre de chercheurs, notamment l'origine et l'apparition de ces mécanismes dès la première enfance, leur évolution au cours de la vie, leurs différents recours selon le sexe, leur stabilité ou leurs interversions.

Ces études ont conclu que, dans leur grande majorité, les hommes et les femmes ignorent quels moyens défensifs ils mobilisent et, partant, si ces mécanismes sont ou non adaptés aux situations, et s'ils ne le sont pas, comment en changer. Le psychiatre Alain Braconnier a, de son côté, mis en évidence vingt-sept ressources pour protéger son être[3].

Pour répondre aux agressions particulières dont son self est victime, l'adulte surdoué doit apprendre à résoudre deux difficultés :

1. Sigmund FREUD, « Les psychonévroses de défense », in *Névrose, Psychose et Perversion*, Paris, PUF, 1974.

2. Anna FREUD, *Le Moi et les mécanismes de défense*, Paris, PUF, 1993.

3. Alain BRACONNIER, *Protéger son soi pour vivre pleinement*, *op. cit.*

• Prendre **conscience de la richesse des ressources** dont il dispose, et admettre qu'en les utilisant au mieux, ni trop ni trop peu, ni inutilement ni maladroitement, il s'offrira l'opportunité de vivre mieux ses rapports avec le groupe, tout comme il permettra à son self de s'épanouir, de reprendre la parole et ainsi, de réinitier une expression créative. Réaliser que protéger son soi, ce n'est pas s'isoler, se replier sur soi, mais savoir vivre avec les autres, savoir donner et recevoir.

• Savoir **choisir le mécanisme de défense** le plus judicieux pour chaque situation particulière sans perdre de vue les écueils propres à son caractère et, de ce fait, les résistances que ce mécanisme peut déclencher.

Ainsi, on l'a vu, et Alain Braconnier l'a fort bien mis en évidence, sept mécanismes, sept « défenses heureuses » permettent d'apaiser et de réduire le plus agréablement possible les tensions : l'humour, la sublimation, l'affirmation de soi, l'anticipation, l'action, le recours à autrui, l'observation de soi.

• L'**humour** favorise en général la mise à distance de sentiments douloureux, mais il est souvent mal interprété quand il est le fait du surdoué. La part de vérité et de dérision que la phrase humoristique contient toujours, plus acérée et plus tranchée chez le surdoué, peut agresser ou indisposer l'autre. Alors, la tension, au lieu de se relâcher et de trouver un exutoire dans le rire ou la complicité, ne fera que s'accroître.

Le surdoué doit veiller à ce que son humour ne soit pas sarcastique, et ne devienne pas la manifestation privilégiée et implacable de sa supériorité intellectuelle.

• L'**affirmation de soi**, qui permet de dire oui ou non. d'exprimer son avis et d'affirmer son identité, est une opération délicate pour l'adulte surdoué, souvent perçu comme arrogant et sectaire.

Le surdoué doit moduler l'intensité de ses propos, et comprendre que sa passion et sa flamme, dans leur radicalité, peuvent donner l'impression qu'il écrase l'autre.

• Le **recours à autrui** ou la recherche d'une aide extérieure, qui permet de dissiper des inquiétudes en trouvant différents types de soutien (information pratique, soutien matériel ou financier, ou encore humain pour être rassuré sur soi-même, sur ses capacités et ses compétences, soutien émotionnel). Alors qu'il soulage le stress ou les situations anxiogènes, ce recours est très problématique chez l'adulte surdoué dans la mesure où celui-ci a renoncé à son usage très tôt, dès les premières blessures de l'enfance, quand il a eu le sentiment de n'être pas tout à fait compris. Enfant et adolescent, il s'est « retiré » dans un profond isolement. Adulte, au premier malentendu, il peut interrompre brutalement le lien noué dans la demande d'aide extérieure. Et cette fragilité est souvent interprétée comme de la susceptibilité mal placée.

Il faut entreprendre un long et difficile travail sur soi, à la fois pour recouvrer une certaine confiance en soi, ainsi que la confiance en l'autre, tout en gardant à l'esprit que cet autre pense différemment, en qualité et en quantité.

• L'**auto-observation**, à savoir nommer ses sentiments, permet de mettre de l'ordre dans ses émotions et dans ses pensées pour atténuer l'inquiétude qu'elles provoquent. Mais cette distance est souvent difficile à prendre pour le surdoué en raison de son hypersensibilité et de l'intensité de son ressenti qui l'aveuglent et le bouleversent.

Travail sur soi, yoga, respiration, gymnastique respiratoire peuvent permettre d'établir la distanciation indispensable à une bonne gestion de sa vie intérieure.

• La **sublimation** dans un loisir (lecture, musique, peinture) rend possible, selon Braconnier, « de maintenir vivante la volonté de s'amuser et d'interroger le monde pour nous sortir de nous-mêmes », alors que nous sommes plongés dans les angoisses de l'incertitude. Ce recours, qui vaut pour la grande majorité des individus, peut avoir l'effet inverse chez le surdoué, enclin à surinvestir toutes les activités qu'il pratique, à les lier aux autres pour confronter les disciplines, les données, les richesses. Même si la littérature, les arts, la musique, lui offrent des plaisirs que ne lui accorde pas le quotidien, ces activités peuvent aussi alimenter ses craintes, augmenter son bouillonnement intérieur ou, a contrario, l'absorber entièrement et aggraver son isolement, son retrait du monde.

Le travail consistera donc à apprendre à ménager des espaces propres au loisir, choisis selon le critère du jeu et du délassement, et de préserver ces espaces de toute intrusion du quotidien ou des questionnements douloureux. La pratique du yoga, du zen, peut, une fois encore, contribuer à mettre cette hygiène spirituelle en place. Dans le même temps, il convient de circonscrire l'activité choisie à des moments précis et veiller à ce qu'ils n'absorbent pas tout l'espace-temps du loisir.

• L'**anticipation**, qui permet de se protéger contre la peur de l'inconnu en nous donnant à croire que nous pouvons contrôler les événements. Si elle nous épargne le sentiment anxiogène de subir les choses, et nous met à l'abri de toute réponse précipitée, l'anticipation n'a pas toujours ces effets positifs chez l'adulte surdoué. Anticiper décuple au contraire son anxiété. Hyperexigeant avec lui-même, il imaginera les mille issues probables, les mille réponses à envisager pour chacune d'elles, comme toutes leurs conséquences, dans la pire de leurs versions. Ce mécanisme se retourne la plupart du temps contre l'adulte surdoué en générant une angoisse plus grande encore et, partant, une spirale infernale.

Plutôt que d'anticiper les événements – ce qu'il est de toute façon, par sa nature, enclin à faire –, le surdoué doit résoudre ici et maintenant, hic et nunc, les situations qui se présentent à lui ; sa surefficience intellectuelle lui permet en effet d'exceller dans la gestion des problèmes dans le court terme. Il devra réserver l'anticipation aux seuls événements heureux, ou du moins à des événements considérés dans la perspective d'un happy end.

• L'**action** : « Agir, en effet, c'est privilégier l'initiative concrète et personnelle, se dégager d'une passivité ou d'une inhibition qui indique que l'angoisse n'a pas trouvé sa solution », analyse Alain Braconnier. Si l'action concrète et réfléchie permet effectivement de maîtriser ses angoisses, ce mode de protection, chez l'adulte surdoué, prend souvent un caractère excessif et se commue en hyperactivité ou en compulsion. Ce danger est accru dans le cas de la douance par l'énergie naturelle généralement déployée. Cette vitalité, déjà épuisante pour l'entourage, devient insupportable pour les proches lorsqu'elle est décuplée, et augmente d'autant la tension interne du surdoué.

Au contraire de la population « normale », l'adulte à fort potentiel doit éviter d'avoir recours à l'action. Plus qu'un mécanisme de défense du self, l'action se transforme en fuite en avant, en hyperactivité qui interdit au surdoué de faire le point et de résoudre objectivement les sources de son angoisse. Comme le cycliste qui tient sur son vélo tant qu'il roule, il ne pose jamais le pied à terre par peur de la chute.

Les outils pour se connaître

Nous l'avons vu dans les chapitres précédents, la validation de la douance est indispensable pour envisager un travail sur soi, qui permettra de comprendre, maîtriser puis évacuer les souffrances qui entravent l'épanouissement personnel. Il convient de souligner que l'établissement du QI, essentiellement fondé sur l'efficience intellectuelle, n'est pas le seul indice qui permettra ce travail. L'intelligence ne saurait être circonscrite à la seule capacité à résoudre des problèmes et imaginer des concepts. S'il ne s'agissait que de cela, la grande majorité des enfants précoces, et plus tard les adultes à haut potentiel qu'ils deviennent, ne connaîtraient aucune difficulté scolaire, aucun obstacle à leur insertion dans la vie professionnelle et affective, aucune angoisse ni mal-être. L'intelligence purement intellectuelle se conjugue avec deux autres types d'efficience, l'intelligence relationnelle et l'intelligence émotionnelle. Les définitions de ces deux formes d'intelligence et de ce qu'elles recouvrent sont reprises de l'ouvrage que j'ai consacré aux enfants précoces[1]. En effet, la singularité extrême de ces deux types d'intelligence chez l'adulte surdoué en fait

1. Monique de Kermadec, *Pour que mon enfant réussisse*, *op. cit.*

les outils privilégiés qui lui permettront de faire des choix heureux, et de devenir celui qu'il est, sans angoisse ni culpabilité, en faisant sien cet avertissement magnifique qu'a signé Michel-Ange : « Le plus grand danger qui nous guette n'est pas de viser un but trop élevé et de le manquer, mais plutôt de viser une cible trop modeste et de l'atteindre. »

Pour valider la douance, il est indispensable de passer certains tests, sous le contrôle d'un spécialiste qui saura analyser les résultats et guider le sujet dans la compréhension de leur sens et de leurs conséquences. Ces tests, beaucoup les redoutent, et il faut un certain courage pour accepter de s'y soumettre. La peur d'échouer sur ce qui semble être l'épreuve par excellence, puisqu'elle touche l'essence même de l'être, retient beaucoup d'adultes qui viennent me consulter pour trouver une aide à leur mal-être, alors qu'ils n'ont jamais envisagé l'hypothèse d'une surefficience intellectuelle. Quelle que soit sa crainte, **il faut passer ces tests pour connaître la nature de sa souffrance** – structurelle ou pathologique – et, plus encore, **ses forces et ses vulnérabilités**. Ces tests indiquent avec précision où rechercher l'aide spécifique dont l'individu a besoin, et écartent d'emblée les freins et les préjugés dont il s'est jusque-là encombré.

Pour connaître ses capacités intellectuelles

Créé spécifiquement pour les adultes, le test le plus largement employé pour évaluer l'intelligence cognitive a été élaboré à l'origine par David Weschler en 1939 et intitulé *Weschler Adult Intelligence Scale*. Publié dans sa première mouture sous le nom de WAIS puis de WAIS-R, il a connu de nombreuses améliorations que traduisent les chiffres romains qui l'accompagnent. La première version, WAIS I, a été publiée aux États-Unis en 1955, la quatrième édition, WAIS IV, en 2008. Ce test est révisé tous les dix ans pour tenir compte des changements socioculturels de la population. Il est fondé sur une batterie d'évaluations des performances cognitives, tenant compte de l'âge du sujet qui s'y prête, selon un étalonnage qui court de seize à quatre-vingt-neuf ans.

La WAIS III a affiné les approches classiques du quotient intellectuel en établissant un QI verbal et un QI de performance qui modulent le QI total. Elle a initié quatre indices d'évaluation supplémentaires qui permettent au clinicien de dépasser la notion générale de QI pour s'intéresser plus précisément à l'élaboration de la pensée à partir de son support verbal, de son support visuel, et d'apprécier la mémoire auditive immédiate, ainsi que la mémoire de travail. La WAIS est aujourd'hui un outil de référence international couramment utilisé en pratique clinique. Les notions de QI verbal et de QI de performance ont disparu avec la WAIS IV pour laisser place à quatre indices et un QI total.

Nous le savons aujourd'hui, nombreux sont les facteurs qui interviennent dans l'utilisation de notre potentiel intellectuel. Ils se déploieront plus ou moins selon la confiance que nous avons en nos capacités et en nos aptitudes, notre degré de motivation, la maîtrise de nos émotions, la gestion de nos relations avec les autres. Ces éléments contribueront ou non à développer nos talents et à les faire reconnaître et accepter.

Pour connaître ses capacités émotionnelles

Les émotions, elles aussi, induisent une forme d'intelligence, dite « intelligence émotionnelle », soit la capacité à percevoir ses propres émotions et à établir des rapports harmonieux avec les autres. Elle est essentielle pour l'accomplissement de soi et intervient à tous les niveaux de la vie personnelle et professionnelle. Sa « découverte » repose sur les observations de l'Américain Joseph LeDoux En 1990, ce professeur de la New York University s'est aperçu qu'une petite partie des stimuli provoquant nos émotions n'était pas traitée au niveau du cortex, mais au niveau d'une glande en forme d'amande, logée dans les replis de notre encéphale. Celle-ci possède son propre circuit neuronal qui prend le pouvoir dans les moments de fortes émotions ou de danger. LeDoux a donc établi la preuve scientifique qu'une part de nos émotions échappait à tout contrôle rationnel et c'est la raison pour laquelle les individus peinent à se maîtriser dans des moments d'émotions intenses : colère, rage, jalousie, peur, etc. À rebours de ce que pensent la grande majorité des gens, la surefficience intellectuelle ne compense pas cette fragilité. Bien au contraire : on l'a vu, la douance est assortie d'une hypersensibilité émotive.

Après ces constatations d'ordre neurologique, une théorie de l'intelligence émotionnelle a été développée au début des années 1990 par Peter Salovey (Yale University) et John Mayer (Université du New Hampshire). Elle a été fondée sur l'observation que deux individus du même âge, jouissant du même QI, placés dans le même environnement socioculturel et n'ayant affronté ni l'un ni l'autre de graves traumatismes (perte d'un parent, déménagement douloureux, rencontre affective destructrice d'un ami ou d'un mauvais maître), pouvaient réussir de façon très inégale. Analysée de plus près, cette disparité dans la réussite – professionnelle, mais aussi sociale et affective – portait davantage sur le rapport avec l'entourage et le monde qu'entretenaient ces deux individus, que sur leur capacité à résoudre des problèmes purement cognitifs. Existait-il donc une autre forme d'intelligence, propre à s'adapter à la complexité affective de l'entourage ? Dans un premier temps, ces deux chercheurs s'appliquèrent à la définir, comme « une forme d'intelligence qui suppose la capacité à contrôler ses sentiments et émotions et ceux des autres, à faire la distinction entre eux et à utiliser cette information pour orienter ses pensées et ses gestes ». Définition qu'ils ont, par la suite, affinée en une « habileté à percevoir et à exprimer les émotions, à les intégrer pour faciliter la pensée, à comprendre et à raisonner avec les émotions, ainsi qu'à réguler les émotions chez soi et chez les autres ».

À partir de cette théorie, furent jetées les bases de ce qu'on a appelé l'éducation émotionnelle. En plus d'utiliser l'émotion pour éduquer, celle-ci consiste à éduquer les émotions elles-mêmes. Quelles qu'aient été ses preuves et son efficacité, cette technique n'a pas sorti l'éducation émotionnelle du cercle d'initiés où on la pratiquait. Ce qui l'a véritablement popularisée, c'est l'ouvrage de Daniel Goleman, devenu un best-seller mondial, *L'Intelligence émotionnelle. Accepter ses émotions pour développer une intelligence nouvelle*[1]. Paru tout d'abord aux États-Unis en 1995, cet ouvrage souligne notamment que des compétences humaines, telles la maîtrise de soi, la discipline, la persévérance et l'empathie font partie des qualités indispensables qui déterminent la réussite de l'individu, et qu'il se doit donc d'acquérir dès son plus jeune âge. Selon

1. David GOLEMAN, *L'Intelligence émotionnelle. Accepter ses émotions pour développer une intelligence nouvelle*, Paris, Robert Laffont, 1999.

Goleman, ces qualités dépendent essentiellement du fonctionnement des émotions chez l'individu (ses compétences émotionnelles) et impliquent des schémas de pensée sur lesquels on peut intervenir en toute conscience. Pour cela, il importe de reprendre le chemin des expériences vécues et d'y considérer le rôle et les mécanismes précis des réactions émotives.

D'autre part, le livre s'appuyait sur certaines conclusions déjà formulées par Mayer et Salovey, selon lesquelles l'intelligence émotionnelle contribuait plus fortement que l'intelligence cognitive à la réussite sociale ; mieux encore, il affirmait que l'intelligence émotionnelle avait des effets positifs sur la santé. Celle-ci fut dès lors présentée comme la nouvelle définition de ce qu'est « être intelligent ». Elle suscita un formidable enthousiasme parce que Goleman démontrait que cette intelligence, plus qu'aucune autre, pouvait et devait être développée et entraînée et que, ainsi travaillée, elle conduisait aux mêmes succès que ceux obtenus grâce à un QI élevé. En outre, puisqu'elle est distribuée de façon homogène à travers toutes les classes sociales et qu'elle peut être exercée, l'intelligence émotionnelle ne suscite pas les craintes, les exclusions ni les précautions qu'induit le QI, toujours suspect d'élitisme et d'inégalités. Le grand mérite des études sur l'intelligence émotionnelle est de nous inviter à nous pencher et à réfléchir sur deux termes précis pour mieux cerner leurs incidences sur le développement de nos personnalités : il s'agit des notions d'émotion et d'intelligence, et de leurs possibles combinaisons.

D'autres chercheurs ont travaillé dans le sens de Goleman. L'un des plus célèbres, Reuven Bar-On, directeur de l'Institut des intelligences appliquées du Danemark et expert-conseil auprès de nombreuses organisations en Israël, a mis au point une des premières mesures de l'intelligence émotionnelle, et utilisé pour la première fois aussi l'expression de « quotient émotionnel ». Le modèle qu'il a proposé au terme de ses études présente l'intérêt de se focaliser sur le **potentiel** de rendement et de succès, plutôt que sur le rendement ou le succès comme tels. Selon lui, l'intelligence émotionnelle se développe avec le temps, et il est possible de l'améliorer par la formation et la thérapie. À son tour, il pose l'hypothèse d'une meilleure réussite chez les personnes dotées d'un QE supérieur à la moyenne quand elles doivent faire face aux pressions de l'environnement. A contrario, les personnes au QE déficitaire rencontrent des obstacles dans leur réussite, et des problèmes psychologiques qui peuvent s'accentuer avec les années. En conclusion, Bar-On affirme que l'intelligence cognitive ne saurait seule définir l'intelligence d'un individu, si elle n'est pas complétée par l'intelligence émotionnelle.

Le concept d'intelligence émotionnelle a fait des émules dans le monde de l'entreprise et de la formation. En effet, de nombreux travaux de sociologie menés sur la notion de réussite ont établi que l'intelligence émotive était l'une des principales causes qui déterminaient le succès dans la vie. Dans les cabinets de recrutement, les départements de ressources humaines, les revues de psychologie ou sur Internet, les tests d'intelligence émotionnelle se sont multipliés. En France, le plus connu d'entre eux est le BarOnEQ-i (1997-1999). Ce test concrétise les dix-sept années de recherches menées par le Dr Reuven Bar-On sur quelque 110 000 individus disséminés dans onze pays, et qui ont permis de développer une approche transculturelle visant à décrire et à évaluer l'intelligence émotionnelle originelle, débarrassée des influences socioculturelles.

Ce test, conçu pour mesurer l'intelligence comportementale, émotionnelle et sociale du sujet qui s'y soumet, fournit des informations relatives à sa capacité à faire face aux demandes et aux pressions de l'environnement. Ses composantes sont réparties sur cinq échelles :

• L'**échelle intrapersonnelle** évalue l'aptitude à reconnaître ses émotions, à les comprendre, les accepter et les affirmer (soit les notions de conscience de soi-même, autoritarisme, indépendance et actualisation émotive).

• L'**échelle interpersonnelle** regroupe et évalue l'expression et l'utilisation des émotions dans les relations interpersonnelles, ainsi que l'identification des émotions d'autrui (soit les notions d'empathie, de responsabilité sociale et de commerce social).

• L'**échelle d'adaptabilité** évalue l'adaptation et la régulation des émotions dans différents contextes (soit les notions d'essai de réalité, de flexibilité et de résolution de problèmes).

• L'**échelle de gestion du stress** évalue le contrôle des impulsions et la résistance à la pression émotionnelle (soit les notions de tolérance, d'effort et de commande d'impulsion).

• L'**échelle d'humeur générale** évalue la capacité à jouir de la vie et à envisager les événements sous un angle positif (soit les notions d'optimisme et de bonheur).

Les résultats obtenus au terme de quelque 140 questions fournissent une note globale de quotient émotionnel qu'il s'agira, une fois encore, de décoder avec l'aide d'un praticien, à la lumière des données que le sujet lui fournira, et en complément du QI. En effet, ce test, en complément de l'autre, donne une évaluation du potentiel de la santé émotive et du degré de bien-être ou de mal-être psychologique. Il indique aussi les points particuliers qui requièrent une exploration supplémentaire ; il permet de découvrir d'éventuelles carences, voire la nécessité de mettre en œuvre une thérapie et de révéler clairement les buts à atteindre. Enfin, il représente un excellent indicateur pour déterminer l'indice de réussite de la thérapie choisie et confirme la consolidation de la guérison.

Pour connaître son intelligence relationnelle

Il existe une troisième forme d'intelligence, indispensable pour évoluer en société, établir les réseaux qui nous assurent un lien affectif avec le monde, nous aide à progresser, échanger, faire les rencontres essentielles à notre épanouissement affectif, mais aussi à notre ascension professionnelle. Il s'agit de l'intelligence relationnelle, ou intelligence sociale, qui permet de gérer positivement nos relations avec les autres et d'obtenir des réponses positives de ceux-ci. Dans le cas de la surdouance, l'évaluation de cette intelligence s'avère primordiale : la grande faiblesse des adultes à fort potentiel, on l'a vu, réside dans leur « insociabilité », ou du moins leurs difficultés à vivre en communauté et à s'intégrer, qu'il s'agisse de la famille, de l'entreprise ou de réseaux plus larges.

Non que l'adulte surefficient se montre hostile, agressif ou désagréable, mais sa vivacité d'esprit et d'élocution, ses attentes, son intransigeance, en bref tous les caractères que nous avons abordés dans la première partie de cet ouvrage provoquent souvent une réaction de rejet de la part du groupe, d'exaspération de la part de la famille, d'incompréhension de la part des conjoints et amis.

Aujourd'hui, de nombreux sociologues étudient cet « art de vivre ensemble », de se faire accepter et d'accepter l'autre. Cet intérêt découle d'un constat simple : contrairement à certaines idées reçues, les individus les plus à l'aise dans leur vie personnelle et professionnelle ne sont pas systématiquement ceux dotés d'un QI supérieur à la moyenne, mais ceux qui construisent de bonnes relations avec les autres tout en sachant s'affirmer. Ni hérisson ni paillasson, ils réalisent leurs objectifs sans broyer leur entourage ni le manipuler. Y aurait-il donc une « bonne intelligence » caractérisant la vie harmonieuse en communauté, une intelligence particulière, sociale ?

L'idée d'une « intelligence relationnelle » n'est pas neuve ; dans les années 1920, elle avait déjà intéressé le psychologue Edward Thorndike. Elle n'avait pas connu le succès qu'elle a gagné aujourd'hui, parce que alors le monde de la psychologie et de la sociologie était polarisé par le concept de quotient intellectuel. À cette époque, peu de chercheurs s'intéressaient à autre chose qu'à l'« efficacité objective » des rapports humains. Encore plus rares étaient ceux qui posaient de subtils distinguos entre une relation amicale et une relation courtoise mais intéressée, tant qu'elles aboutissaient au même résultat. Thorndike s'est penché sur ce qu'il a appelé la « cognition sociale », soit l'étude de la façon dont chaque individu traite les informations que les autres lui adressent, comment à partir de ces éléments il établit et répète des codes, des gestuelles, comment il stocke ces informations, comment il les interprète pour les appliquer dans chaque situation de sa vie en société.

Parallèlement à la cognition sociale, les années 1960-1970 ont vu émerger un courant de recherches consacrées à l'étude du fonctionnement biologique et neurobiologique qui sous-tend les comportements humains. Cette nouvelle science a gagné ses lettres de noblesse sous le nom de « psychologie cognitive ». Je n'entrerai pas dans le détail de ses concepts particuliers, telle la théorie des schémas sociaux qui décrit comment les idées ou concepts du monde qui nous entoure sont représentés dans notre cerveau, selon quelles catégories ils sont classés, comment ils interviennent dans nos contacts avec nos prochains. (Ainsi, présenter un individu comme un artiste ou un professeur active des schémas d'association avec la bohème pour le premier, avec la sagesse ou l'autorité pour le second.)

L'intérêt pour cette science s'est accru lorsqu'on a découvert qu'il existait une corrélation entre l'anatomie du cerveau et notre comportement en société. Cette découverte a été révélée par le cas Phineas Gage. En 1848, cet employé des chemins de fer du Vermont fut gravement amputé d'une partie de ses lobes frontaux suite à un accident de dynamitage. À sa sortie du coma, il apparut que le miraculé avait totalement changé de personnalité. Du moins, réagissait-il de façon anormale, inhabituelle aux situations les plus classiques de la vie. Près d'un siècle et demi plus tard, son dossier médical fut réexaminé à la lumière des progrès de l'imagerie neurologique, technique permettant d'observer et de mesurer l'activité du cerveau, et de certaines zones en particulier, en fonction de stimuli administrés. Les découvertes issues de l'étude du cas Phineas Gage ont bouleversé les neurosciences et initié de nombreuses recherches s'appuyant sur l'imagerie. Ainsi, certains résultats suggèrent que les relations harmonieuses – entre conjoints, entre enseignants et élèves, entre soignés et soignants – mettent tous les « chronomètres neuronaux » des protagonistes en phase, ce qui aurait pour effet un meilleur métabolisme, un bien-être accru, bref, un bonheur supérieur. Par la suite, les chercheurs en neurosciences ont trouvé un certain nombre d'autres principes régissant l'intelligence sociale. Comme l'intelligence émotionnelle, elle eut, elle aussi, son échelle de mesure.

Ces découvertes ont légitimé la création d'un nouveau courant de la psychologie, dite « psychologie positive », représenté notamment par le cancérologue suédois Stephan Einhorn, auteur de *L'Art d'être bon*[1], ou le psychologue israélien Tal Ben-Shahar, auteur de *L'Apprentissage du bonheur*[2], ou encore le psychologue américain, Robert Emmons, auteur de *Merci !*[3], étude inédite sur la reconnaissance et le remerciement. En 2005, l'homme d'affaires Karl Albrecht, inspiré par leurs résultats, a rédigé une sorte de charte intitulée *L'Intelligence sociale. La nouvelle science du succès*[4], qui dégageait cinq piliers :

- conscience de la situation ;
- présence ;
- authenticité ;
- clarté ;
- empathie.

1. Stephan EINHORN, *L'Art d'être bon*, trad. Christine Lefranc, Paris, Belfond, 2008.
2. Tal BEN-SHAHAR, *L'Apprentissage du bonheur*, trad. Hélène Collon, Paris, Belfond, 2008.
3. Robert EMMONS, *Merci ! Quand la gratitude change nos vies*, trad. Sylvie Carteron, Paris, Belfond, 2008.
4. Karl ALBRECHT, *L'Intelligence sociale. Le nouvel art des relations humaines*, Paris, Éditions de l'Homme, 2008.

Quelques années après le formidable succès de son *Intelligence émotionnelle*, Daniel Goleman proposait à son tour de mettre au jour les mécanismes de l'intelligence relationnelle, qu'il définissait autour de deux axes : d'abord, une bonne perception et une compréhension des enjeux sociaux, ensuite, une bonne aisance relationnelle (fondée sur l'art de se présenter, l'art d'influencer, la facilité à être dans le mouvement et l'empathie). Goleman soulignait le fait qu'un grand nombre d'individus consultent des psychothérapeutes pour tenter de résoudre leurs relations conflictuelles avec leur entourage, et qu'une vie réussie ne se conçoit pas sans l'établissement de relations humaines riches et intenses, à chaque âge de la vie, ni sans altruisme. Alors, écrit-il, notre cerveau « s'arrime intimement » à celui de l'autre et les deux « s'engagent dans un tango émotionnel, une danse des sentiments ».

Pour connaître l'indice d'évolution de son intelligence

La psychologue Mary-Elaine Jacobsen a mis au point un « profil d'intelligence évolutionnaire » que je recommande à tous les adultes qui lisent l'anglais et qui désirent réaliser une évaluation personnelle de leur intelligence, ainsi que des possibilités de la mettre pleinement à l'œuvre. La théorie de Jacobsen soutient l'idée d'une intelligence multidimensionnelle, qui, même parvenue à maturité, reste néanmoins susceptible d'évoluer positivement, d'accroître son potentiel, pourvu qu'on la soumette à l'approche la plus appropriée à chaque individu. Autrement dit, selon elle, sauf cas extrêmes, tout individu est un surdoué en puissance, à condition qu'il sache combiner les multiples facettes de son intelligence pour induire un effet de synergie entre elles.

La théorie de Mary-Elaine Jacobsen a été autant acclamée que critiquée et contestée. Je ne reviendrai pas sur le bien-fondé de ses travaux. Cependant, que l'on souscrive à ses conclusions ou pas, il faut reconnaître le grand intérêt de son test, à condition que l'on s'y prête avec attention et honnêteté. Il se compose d'un inventaire de 240 déclarations, réparties sur deux chapitres. Le premier est consacré aux intelligences multiples, le second au développement de l'intelligence. Cette dernière partie concentre son questionnaire sur les valeurs, les missions et le besoin de contribution de l'individu au bien-être général.

Ce test ne saurait se substituer aux deux autres, qui sont des outils professionnels, mais le « profil d'intelligence évolutionnaire », correctement accompli, fournit à son sujet un bilan de vie très éclairant parce qu'il met en lumière ses forces, ses faiblesses et ses vulnérabilités.

Pour connaître qui nous sommes

Aucun test, cognitif, émotionnel, relationnel, psychologique comme ceux qui fleurissent sur Internet ne saurait entièrement expliquer la subtilité et la singularité d'un être humain. Ce serait un affront à l'intelligence que de le prétendre ! De même, le recours à un thérapeute, que je recommande parce que lui seul a la science mais aussi le recul nécessaire pour apporter son aide et ses lumières, ne peut défaire totalement les nœuds qui entravent la liberté d'être ce que l'on est et de l'exprimer. « Ne croyez rien. Peu importe où vous l'avez lu, ou qui vous l'a dit, même si c'est moi qui vous l'ai révélé, à moins que cela ne soit en accord avec notre raison et votre conscience », a enseigné Bouddha. Néanmoins, le clinicien est un personnage clé dans le processus de découverte du soi, en particulier lorsqu'il génère chez le sujet d'incompréhensibles souffrances, lorsqu'il est repoussé par le groupe, lorsqu'il ne parvient pas à s'épanouir ou à mener la vie heureuse à laquelle chacun a droit. Le thérapeute est d'autant plus indispensable dans le cas de la douance de l'adulte, encore très mal connue, et qui échappe aux grilles de lecture psychologique normales.

L'intervention du clinicien est essentielle dans la solution de problèmes particuliers, comme l'appréciation du faux self et de son point d'équilibre/déséquilibre avec le vrai soi, qui ne peut s'éclairer qu'au terme d'un travail proposé et contrôlé par le praticien. En effet, le sujet, s'il peut percevoir clairement son comportement, l'expliquer avec logique au regard de ses objectifs ou de ses besoins, n'est pas capable de déterminer quelles raisons plus ou moins conscientes, quels événements, quels facteurs extérieurs l'ont conduit à se construire un faux self, et ce faux self en particulier. Qu'a-t-il cherché à protéger ? Que veut-il protéger encore ? À quel degré est-il conscient de ce faux self ? Jusqu'à quel degré en est-il prisonnier ? Que peut-il faire, comment peut-il agir pour rétablir une harmonie avec son soi profond et lui laisser la parole ? Et d'ailleurs, quel intérêt trouvera-t-il à le faire ?

Les patients qui me consultent finissent d'ailleurs – tous – par se heurter à une série de questions qu'aucun test ne peut satisfaire, et qui sont autant de pas sur le chemin de la connaissance de soi. Autant de manifestations de l'urgence qu'il y a à apprendre à se connaître.

- Suis-je normal ? D'où me vient ce sentiment d'être bizarre ?
- Comment faire pour rester fidèle à mes convictions et à mes objectifs quand l'entourage les critique et souligne ma différence ?

- Comment savoir si ces critiques sont fondées, si je suis dans le vrai ou dans l'erreur, dans la différence ou dans la pathologie ?
- Pourquoi, lorsque je laisse libre cours à mes pensées, suis-je accusé de condescendance ou de sarcasme ?
- Pourquoi suis-je si seul ? Pourquoi est-ce que je souffre de cette solitude ? Pourquoi ai-je tant de difficulté à trouver des amis qui partagent mes vues ?
- Comment puis-je être heureux dans le malheur ambiant ? Comment ne plus être bouleversé, au point d'en être malade, par la souffrance d'autrui ?
- Pourquoi ne vois-je pas les choses comme les autres ?
- Pourquoi ai-je toujours besoin de me justifier, d'expliquer ce que je fais, pense, dis ?
- Pourquoi ai-je besoin d'isolement ? Pourquoi, si je ne fais rien, ai-je ce sentiment de frustration ?
- Pourquoi suis-je triste en permanence ? Pourquoi ai-je le sentiment d'une absence, d'une frustration ?
- Pourquoi me sens-je toujours coupable, et de quoi puis-je l'être ?

Le mal-être est le moteur premier de la consultation et, bien sûr, le désir d'y mettre un terme.

Pour autant, prendre rendez-vous chez un thérapeute reste une démarche difficile pour la majorité des individus. Lorsque je demande à mes patients, lors de leur première visite, d'expliquer ce qu'ils redoutent précisément, ils décrivent l'image d'un individu dépendant de son analyste, attaché à son divan pour les vingt années à venir. Il y a aussi l'idée qu'il est honteux de demander secours, de s'avouer en échec, au lieu de se prendre en main et de résoudre ses problèmes tout seul.

Dans le cas de la douance, cette difficulté est assortie d'une résistance particulière, qui consiste à penser, comme leur histoire le leur prouve depuis leur enfance, que personne ne peut comprendre ce qu'ils ressentent ni ce qui motive leurs actions, ni enfin l'essence de cette différence qu'ils ont appris à cacher. Or la souffrance particulière des adultes à fort potentiel, pour être « soignée », je l'ai dit, a besoin d'être exprimée, identifiée et comprise, et seul un thérapeute est en mesure de le faire. De même, seul le thérapeute pourra mettre le doigt sur les résistances que nous avons évoquées plus tôt, et aider le sujet à s'en débarrasser.

Il s'agira dès lors de proposer au consultant une démarche qui lui apprenne à se connaître pour consolider une image positive de lui-même, cette estime de soi si déficiente chez l'adulte à fort potentiel. Il s'agira aussi, tout au long de cette démarche, de l'aider à pointer ses talents, ses attentes et à gérer ses relations – toujours difficiles, voire conflictuelles – avec ses proches.

Il arrive, bien sûr, que la souffrance de ces adultes à fort potentiel soit telle qu'elle nécessite un véritable travail psychanalytique. Cependant, le plus souvent, la psychothérapie focale telle que le psychiatre Michael Balint l'a mise au point en 1960, s'avère suffisante pour soulager le malaise qu'ils ressentent. Ce travail d'inspiration analytique ne prétend aucunement se substituer à celui de la cure, pas plus qu'il ne constitue une amélioration de la méthode classique. La psychothérapie focale se situe simplement dans son prolongement, dans la mesure où l'activité du praticien se limite à des interventions au moyen d'interprétations. Les séances sont circonscrites par l'objectif focal, ce qui en délimite les résultats attendus.

Cette thérapie, plus limitée que la psychanalyse, induit une collaboration active avec le consultant : d'un côté, le clinicien expose la connaissance qu'il a de l'adulte, de l'autre, le consultant passe un accord avec le clinicien qui l'engage à un travail volontaire sur lui-même. Dès lors, un réapprentissage émotionnel est mis en œuvre. Des nœuds se délient, des souffrances s'apaisent, des options se profilent. Ces dernières émergent d'elles-mêmes dans la conscience du patient et ne sont jamais – en aucun cas – suggérées par le thérapeute. Leur résurgence résulte du travail d'anamnèse, le récit des antécédents, lequel permet de formuler d'un côté les sources accessibles et conscientes des difficultés rencontrées, et de l'autre les liens inconscients qui unissent solidement certaines résistances.

La France ne se préoccupe que depuis peu des adultes à fort potentiel. Jusque-là, ses institutions focalisaient leur intérêt sur les enfants précoces, et rares sont les publications qui ont abordé la question de la douance des adultes[1]. Et quand bien même leurs souffrances sont évoquées, peu de recettes leur sont offertes. Or il est essentiel que ces individus sachent qu'ils peuvent s'aider et se faire aider et, avant tout, se persuader que leur singularité ne doit pas induire la solitude, source d'angoisse, condition stérilisante pour l'acte de création. Si intelligent qu'on soit, on ne peut véritablement s'épanouir si l'on oublie qu'on est un être social et que le contexte propice à la créativité, à l'engagement, n'est jamais l'île déserte.

1. Mais il faut citer l'ouvrage de Jeanne Siaud-Facchin, *Trop intelligent pour être heureux ? L'adulte surdoué*, Paris, Odile Jacob, 2008, et le témoignage de Cécile Bost, *Différence et souffrance de l'adulte surdoué*, Paris, Vuibert, 2011.

5.

Les raisons de consulter

À partir de mon expérience de clinicienne et du témoignage des patients qui, depuis vingt-cinq années, viennent me consulter, j'ai pu établir un inventaire standard des raisons qui poussaient les adultes à fort potentiel vers mon cabinet. Ce tableau clinique m'a permis de travailler sur un certain nombre de solutions à leur proposer, et sur les étapes du travail à envisager ensemble, selon les modalités que je viens d'expliquer. Partant de ces doléances, j'ai dressé un panel de recommandations susceptibles de répondre à l'ensemble des souffrances et des difficultés qu'éprouvent ces adultes à fort potentiel. Ce sont de simples conseils de bon sens, basiques, comme ces kits de secours distribués pour les premiers soins. Pour autant, ce n'est qu'une fois qu'ils seront compris, acceptés et assimilés, qu'un travail plus fin, plus personnalisé et plus profond pourra être envisagé, tout en gardant en tête que le rôle du thérapeute n'est pas **d'offrir des solutions toutes faites**, mais d'aider l'homme ou la femme qui le consulte **à trouver en lui les solutions qui lui conviendront**. Il ne s'agira donc pas, pour le clinicien, de proposer au patient une nouvelle scène concrète où il pourra jouer un nouveau personnage, mais de rendre accessible une scène mentale où des relations plus satisfaisantes viendront se mettre en place, où des talents trouveront à s'épanouir, où le patient se libérera de ses anciennes entraves pour mener une vie plus riche, plus heureuse.

L'établissement du diagnostic comme point de départ

Bien que la plupart des hommes et des femmes surdoués qui viennent me consulter fonctionnent aux extrémités des deux pôles : apathie-renoncement/débordement-hyperactivité, aucun de ces individus ne se ressemble vraiment. Ce qui les différencie essentiellement réside dans le fait que la précocité de certains a été diagnostiquée dans leur enfance, tandis que les autres ignorent tout de cet état. C'est sur cette distinction que j'ai établi le tableau suivant, sachant que le premier travail à envisager avec la seconde catégorie, une fois la douance diagnostiquée, consiste à en faire accepter le principe. En effet, nombreux sont les patients qui résistent : ils opposent à ce diagnostic leur propre définition de la surefficience intellectuelle – mélange d'Einstein et de Bill Gates – dans laquelle ils ne se reconnaissent pas !

Pour les adultes surdoués avertis de leur surefficience

• Ceux-ci rencontrent des difficultés à créer en raison d'une forte autocritique, de doutes, d'un sentiment d'infériorité, de dépression ou d'arrêts périodiques de la créativité.

Le surdoué doit apprendre à ne pas confondre son self et ce qu'il crée. Il doit savoir prendre de temps en temps de la distance. Accepter de se mettre en position de receveur. Laisser à sa créativité des moments de gestation.

• Ils ont perdu leur enthousiasme à apprendre ; ou bien ils sont confrontés à de grandes difficultés, car ils ont gardé en eux les résistances de l'enfant à un système éducatif répressif.

Il faut introduire une dimension ludique dans l'apprentissage et associer le plaisir à l'étude, sans se focaliser compulsivement sur le résultat qui doit venir la sanctionner – diplôme, conférence, promotion. Le surdoué bénéficie d'une mémoire très riche et diverse : visuelle, auditive, sensorielle. Il doit développer ces formes pour soulager la mémoire cognitive très sollicitée chez lui.

• Ils ont du mal à accepter les compromis, même lorsqu'ils savent que ceux-ci sont nécessaires, et ils défendent férocement leurs points de vue même lorsqu'ils auraient intérêt à se taire.

Il faut admettre sa différence et comprendre qu'elle est minoritaire. Un travail doit donc être entrepris pour comprendre l'autre, assimiler ses références, accepter les étapes qui lui sont familières et où se situent les concessions possibles. Autant dire développer son intelligence relationnelle à la lumière de ses différences qualitatives, mais aussi quantitatives, avec l'acuité qu'on accorde à l'apprentissage d'une langue étrangère. La lecture de romans, de théâtre, où une pluralité de voix se fait entendre sur un même plan, voire les jeux de rôles, favorisent cet exercice.

• Quand ils ont réussi, ils sont débordés par les attentes de l'entreprise ou de leurs clients, par la perte de leur vie privée, par la peur d'être humiliés en public si leurs imperfections venaient à être révélées. Ils ont aussi les plus grandes difficultés à gérer et à répondre aux demandes de leurs proches. Ils ont l'impression que leur succès est venu trop vite, qu'il est immérité, que la vie leur échappe et que tout risque de s'effondrer du jour au lendemain.

Voilà un désarroi fréquent chez le patient à fort potentiel qui ne se départ jamais d'un sentiment d'imposture. Or cette impression grandit à la mesure et à la vitesse de leur succès, qu'ils se sentent obligés non seulement de justifier, mais de mériter, ce qui induit un stress nerveux intense. Dans leur vie, les deux sphères privée et publique entrent alors en compétition. Pour l'adulte surdoué doté d'une « hyperactivité » et d'une hypersensibilité, l'établissement de territoires distincts s'avère plus difficile que pour un individu normal. Il est pourtant essentiel d'y parvenir afin d'éviter les confusions de genre, de rapporter chez soi le stress du bureau et son ultra-perfectionnisme, et au travail la frustration de n'avoir pas su répondre aux attentes affectives des siens. L'effort consiste à apprendre à concilier l'émotionnel et le relationnel, en sachant délimiter leurs périmètres respectifs et adapter ses réponses en fonction de chaque sphère. Paradoxalement, par d'autres voies que la réussite professionnelle, les bases solides d'une estime de soi se trouveront à la clé. La thérapie reste la meilleure aide pour effectuer ce travail.

• Leur précocité a été vécue comme un problème par leurs parents et par l'entourage qui a tenté de les normaliser à tout prix, en les rabrouant chaque fois que leur différence se manifestait de façon trop flagrante. Ou bien leur précocité fait de l'ombre à des parents dominateurs qui sont entrés en compétition avec eux et ont tenté de les « castrer ». Le syndrome du vilain petit canard ne les a jamais abandonnés.

Outre le travail d'anamnèse, d'analyse du passé et de mise au jour des souffrances qu'il convient d'effectuer avec un thérapeute, il est très profitable à ces adultes de trouver des espaces où ils pourront affirmer pleinement cette différence qu'on leur a niée. Les associations (MENSA et autres) dont j'ai parlé dans les premières pages de cet ouvrage leur permettront de rencontrer d'autres surdoués, riches du même vécu. Il leur sera très bénéfique de se consacrer à des activités qui traduiront au mieux leurs talents profonds. Enfin, s'ils sont restés sous la coupe de parents dominateurs (parents célèbres notamment), un éloignement géographique, s'il est possible, sera à envisager. S'autonomiser, refuser la place de l'ombre relève avant tout de la thérapie qui permettra de s'aventurer sur des territoires personnels et inconnus et de consentir aux sacrifices qu'exige **cette démarche**.

• Ils ont été surinvestis par leurs parents au prétexte de leur précocité. Ils ont bénéficié d'une éducation privilégiée, suivi le cursus imposé, gagné tous les concours qu'on leur demandait de gagner, mais n'ont jamais osé manifester leurs aspirations personnelles ni réalisé ce qui leur tenait à cœur.

On se trouve là dans le cas qui provoque le plus fréquemment ces fameuses « crises de la quarantaine » ou « de la cinquantaine ». La première démarche à adopter est de consentir à repasser les tests ou enrichir la batterie de ceux déjà subis dans l'enfance, pour déterminer, grâce à leurs résultats et à un regard extérieur, quelles sont les aptitudes profondes du patient, ses goûts, ses attentes, qu'il s'agisse de disciplines (scientifiques et littéraires par exemple), mais encore de style de vie (businessman ou ermite solitaire, célibataire ou père de famille nombreuse, ville ou campagne...). La recherche du vrai self demande une aide extérieure et objective, un « guidage » patient et responsable qui évitera le pire des dangers dans ce cas de figure : le largage brutal de toutes les amarres, le changement radical de vie du jour au lendemain.

Pour les adultes surdoués qui ignorent la nature de leur différence

• Ils se sentent différents, « bizarres », jamais à leur place et ils ont peur d'être anormaux ou malades.

Consulter le bon thérapeute est le premier des conseils, de façon à diagnostiquer la douance, l'expliquer et la faire accepter avant de commencer toute autre thérapie. Je l'ai dit, beaucoup trop d'adultes surdoués, non diagnostiqués, consultent des praticiens qui s'évertuent à traiter leurs différences comme des pathologies, à tenter de les corriger au lieu de les leur faire accepter et fructifier.

• Élèves brillants, ils ont fait tout ce qu'on leur avait demandé depuis leur enfance et ils ont réussi, mais ils se sentent insatisfaits, déprimés et en éprouvent un sentiment de culpabilité.

Les tests détermineront non seulement la douance, à la base de leur insatisfaction, mais encore les voies qui leur sont propres. La fréquentation des clubs (MENSA), la recherche d'activités nouvelles où ils pourront commencer à faire connaissance avec leur vrai self constituent une aide précieuse.

• Ils ont été en échec toute leur vie, échec scolaire, échec dans leur insertion professionnelle. Ils souffrent d'une carence d'estime qui les ronge. Ils ont honte d'eux-mêmes, de ce qu'ils sont.

Le diagnostic de la douance offrira une bonne base d'explication à leurs échecs, à leurs difficultés relationnelles et affectives et à leurs souffrances. Mais un travail psychothérapique restera la meilleure base pour se dénouer et s'épanouir. En effet, la faible estime de soi et le faux self sont deux raisons majeures d'entreprendre une thérapie. Elles ne seront pas exclusives, et n'empêcheront pas, pour commencer ce long travail sur soi, de s'essayer à des activités diverses, notamment celles qui correspondent au talent que les autres lui reconnaissent. Les satisfactions qui en résultent et l'appréciation extérieure consolident les bases de la construction d'une image de soi satisfaisante. Le meilleur miroir restant le regard du proche, de l'aimé. L'associer dans ses démarches se révélera souvent nécessaire.

• Ils savent qu'ils ont un don, un talent, et ne comprennent pas pourquoi celui-ci n'a jamais été reconnu dans leur jeune âge ni ce qui les empêche de l'investir dans leur vie d'adulte. Ils en éprouvent une aigreur, une colère, un ressentiment qui ne les quitte plus.

Il faut éviter de retourner la colère contre soi, ou contre l'autre dans son acception la plus large : le conjoint, l'ami, le confrère, ce qui ne manquerait pas de créer un vide autour de soi venant alimenter ce sentiment d'être incompris. La colère doit être exprimée, et les jeux de rôle, le sport, le théâtre en amateur, la rédaction d'un journal peuvent y aider. Dans un deuxième temps, il conviendra d'évacuer la colère en la sublimant, c'est-à-dire faire en sorte qu'elle devienne un levier pour exprimer son talent, triompher de ses adversaires.

Les premiers pas pour changer

Le premier travail à effectuer est de comprendre ce qui, dans ce que nous sommes, faisons, disons, aimons, appartient au moi profond, et ce qui appartient au faux self. Il sera alors temps d'établir la gravité du déséquilibre entre les deux.

Affronter son faux self

La mise en place du faux self implique un déni de son identité assorti d'une frustration dont l'origine échappe souvent à l'adulte surdoué, qui dès lors culpabilise de la ressentir. L'inauthenticité est le terreau de tous les conflits relationnels, de tous les malentendus et des plus grandes solitudes. Elle est aussi celui des névroses et des pathologies les plus graves.

Pourquoi renoncer à ce faux self qui nous a protégés jusque-là ? Construit dans le plus jeune âge pour répondre aux agressions propres aux premiers apprentissages, il se révèle inadapté dans la vie adulte. Les différentes strates qui s'y sont additionnées au cours de la vie n'offrent plus de défense convenable. Le mécanisme est grippé. De plus, vivre la vie d'un autre ne procure pas de réelle protection contre les agressions du monde, parce que le réconfort ne repose que sur une pseudo-confiance, une fausse appartenance à un groupe, à un modus vivendi. Compenser le décalage avec sa réalité propre coûte de plus en plus en compensation, induit un stress nerveux qui peut dégénérer en agressivité ou en dépression. Les satisfactions qu'a procurées le faux self dans un premier temps s'amenuisent de plus en plus, jusqu'à la crise, qui révèle la souffrance et l'impossibilité de porter le masque plus longtemps. Ces crises, douloureuses, sont fructueuses. Heureux sont ceux qui les connaissent, quand tant d'autres continuent d'étouffer, sans comprendre l'origine de leur malaise, de leur frustration ou de leur prostration ! Ils pourront enfin renouer avec eux-mêmes, accomplir leur destin, goûter à la joie authentique de l'existence.

Pourquoi est-il si difficile de renoncer à son faux self ? Pour la plupart des patients, la réticence à renoncer au faux self cache une peur plus profonde : celle de découvrir une personnalité vide, sans éclat, qui les décevra. Un self sans personnalité. S'ils en avaient une, auraient-ils permis au faux self de se développer de cette façon ?

Ce travail de « tombée du masque » et de découverte du soi, nécessitera, à un moment ou à un autre, une aide extérieure, tant il est difficile de surmonter les peurs et l'inconnu qui se profilent. Le self, encore ignoré, est à cet instant totalement « nu », dépourvu des mécanismes de défense qui lui seraient adaptés s'ils avaient pu se mettre en place, ainsi qu'ils le font au cours d'un développement harmonieux. Comme le bernard-l'hermite qui vient de quitter sa coquille et pérégrine, vulnérable, pour en trouver une autre, adaptée à sa nouvelle stature, le patient se retrouve dans une situation d'une indéniable fragilité. Il lui faudra l'assumer avec une détermination d'autant plus grande que l'entourage en a conscience et peut mettre ce moment de faiblesse à profit pour régler des comptes.

Enfin, chercher son moi, renouer avec l'authenticité, exhumer depuis les tréfonds de l'inconscient les aspirations premières, les attentes, mais encore les souffrances et les angoisses, implique un retour sur son histoire et une mise à plat qui ne peuvent être accomplis sans aide, sans guide, sans écoute. Cette phase est propice aux réponses qu'attend le patient. Qui suis-je ? Mes façons d'agir sont-elles bien les miennes ? Mes actes, mes paroles sont-ils sincères, ou résultent-ils des nombreux commentaires de personnes aimées (« Charles est un vrai matheux », « Alice est un ange de dévouement ») ? Quelle perception ai-je de mes aptitudes ? Ma nature correspond-elle à ma réputation ? Quels talents m'ont été attribués ou suggérés ? Qu'aimais-je, enfant, avant de vouloir adapter mes goûts à l'avis général ? Ai-je cherché à imiter quelqu'un ? Qui ? Pourquoi ?

Ces questions sont essentielles. Elles doivent être poussées au bout de leur logique. Elles doivent déclencher un jeu de comparaison entre ce que le patient sait de lui-même et certains mythes qui lui sont attachés depuis tout petit, et qui l'encombrent et stérilisent ses propres expériences. Il doit alors rechercher les « tu devrais », les regrets, les étiquettes et les associations défavorables avec d'autres qui lui semblaient toujours meilleurs. Il doit chercher vers quel extrême les premières défenses qu'il a développées dans son enfance se sont polarisées : se faire oublier, se fondre dans le décor pour éviter les critiques, ou le défi, la violence et la révolte pour réfuter les reproches ?

Il faut mettre à l'épreuve ces erreurs de perception et ces a priori, et chercher comment certains de ces jugements si solidement intériorisés peuvent être repris avec un regard plus indulgent, plus chaleureux. Le patient doit se souvenir d'une vérité de base, essentielle pour progresser : son intelligence extraordinaire. Il est responsable de son ou ses talents, qui lui ont été donnés au berceau, et qu'il doit développer. Il n'a aucune raison de se sentir coupable de bénéficier de cette gratification exceptionnelle. Si rien ne justifie qu'il les ait reçus, lui et pas un autre, rien n'excusera qu'il n'en paie pas le prix : la prise de risques, le chemin singulier, les critiques, la jalousie, les railleries.

Dépasser son sentiment de culpabilité

Cette étape est vécue comme un obstacle douloureux, mais qu'il faut dépasser pour évoluer et atteindre l'épanouissement personnel souhaité. Pour certains, l'obstacle semble un mur infranchissable. Ceux-là ont l'impression d'abandonner ceux qu'ils aiment et qui ne possèdent pas leur douance. Il est impossible de faire l'économie de cette étape. S'il ne se débarrasse pas de sa culpabilité – et il n'est pas question de la refouler – le patient ne fera aucun progrès, et rien ne se résoudra. Il ne doit ni la refouler ni l'ignorer, ni feindre de ne jamais l'avoir ressentie. En effet, ce sentiment de culpabilité est un boulet qui le freine, et parfois l'immobilise et le statufie. Elle aggrave l'exigence déjà forte du surdoué à l'égard de lui-même. Elle interdit la joie comme le sentiment de liberté, tous deux essentiels à la création.

Mais comment s'en libérer ?

Il est primordial de définir la nature, l'origine et les sources récurrentes de ce sentiment de culpabilité, puis de mettre au clair la répartition des responsabilités. L'adulte à fort potentiel doit comprendre qu'une certaine frustration, souffrance et peine sont inévitables dans la vie quotidienne de tout un chacun et qu'aucun être sur terre ne peut les embrasser toutes ni s'en tenir pour responsable. De même, toute culpabilité ne saurait disparaître : elle est la marque d'une empathie, d'une générosité. Elle est un baromètre moral et affectif auquel il faut rester attentif.

Pour autant, il s'agit de faire la part des choses entre ce à quoi le patient a renoncé parce qu'il se sentait coupable d'accomplir un don, de répondre à une vocation dont ses proches étaient privés, et simplement un mauvais choix dont il porte l'entière responsabilité. Il est donc important d'apprendre à distinguer l'erreur de l'intention négative. L'erreur peut se corriger. On évitera qu'elle se répète si l'on sait reconnaître ses torts. L'intention négative, tant qu'elle n'est pas clairement définie comme la résultante de la culpabilité, et tant que la culpabilité elle-même n'a pas été dépassée, se répétera à l'infini.

Pour compenser cette culpabilité que leur procure leur douance, certains surdoués s'imposent une tolérance zéro aux fautes ou aux erreurs. Se tromper, estiment-ils, c'est faillir, mériter finalement ce qu'ils jugeaient injuste. Ces patients, particulièrement psychorigides, doivent aussi admettre et accepter que l'intelligence la plus phénoménale ne protège pas de l'échec, pas plus qu'elle ne garantit contre les conduites décevantes. L'autopunition dont ils accompagnent le moindre faux pas n'est pas une aide, pas plus que leur propension à s'accuser de toutes les erreurs commises dans leur entourage.

Combien de temps dois-je encore me flageller parce que je suis différent ? Quand accepterai-je que ma différence fait partie intégrante de ce que je suis ? Voici les questions qu'ils doivent se poser avec résolution.

Prendre conscience de sa peur du risque

Peur du risque, volonté d'esquiver les opportunités qu'offre la vie, sont des attitudes d'évitement fréquentes chez l'adulte surdoué. Ces fuites sont d'autant plus paradoxales que le risque est une nourriture vitale de l'intelligence, et le corollaire de la grande curiosité dont fait preuve l'adulte surefficient. « Pourquoi suis-je, dès lors, toujours enclin à les éviter ? », se demandera-t-il. Il est évident que relever un défi suscite une certaine angoisse, ravive la peur de l'inconnu. Pour ne pas en souffrir, le surdoué se persuade que ce qu'il a, ce qu'il connaît, lui suffit. Pour autant, il ne calme pas le besoin de changement inhérent à sa nature, ni le désir de création et de nouveauté qui le taraudent.

Il faut dès lors qu'il se pose simplement la question : de quoi ai-je peur ?

Ai-je peur de perdre l'affection d'un tel ou d'une telle ? Ai-je peur de perdre l'estime de ceux que j'aime, de mon patron ? Ai-je peur de perdre le respect dont je jouis jusqu'ici ? Ai-je peur de me tromper ? d'avoir l'air ridicule ? Ai-je, avant tout, peur de l'échec ? Et pourquoi ? Quelle angoisse l'échec est-il susceptible de déclencher chez moi ? Quelles faiblesses, quelles hontes ?

Ces questions posées, il devra se répertorier, dans une colonne parallèle, quelles sont ses chances de réaliser ses rêves ou de concrétiser ses attentes sans la moindre prise de risque.

Enfin, il ne s'agit pas, pour le patient, de se mettre à « foncer », à tout risquer inconsidérément. Il devra procéder par étapes, dans un ordre croissant, déterminé par la liste de ses peurs – de la simple crainte à la plus grande terreur.

Mesurer sa dépendance à l'approbation

Nos personnalités se sont formées à partir des réponses que nos comportements ont suscitées. Celles des proches, des parents, de tous ceux qui ont constitué le tissu affectif de notre enfance ont été primordiales dans notre épanouissement. Nous avons souvent agi pour leur satisfaction. Nous avons attendu leur approbation comme une récompense. Nous nous sommes sentis heureux de leur contentement, leur désapprobation nous a punis. Cette pression affective fait partie de notre éducation. Nous avons été heureux de faire plaisir, et cette inclination à contenter ceux que nous aimons est normale. Mais lorsqu'elle devient le moteur de nos actions, de nos décisions, lorsqu'elle perdure jusqu'à l'âge adulte, alors cette recherche devient un obstacle à notre progression. Nous sommes devenus totalement vulnérables puisque nous sommes à la merci de celui ou ceux que nous aimons. Le résultat de nos actes, de nos projets, de nos initiatives n'est plus jugé à l'aune d'une réussite objective, mais au regard subjectif du plaisir ou du déplaisir qu'en éprouve un tiers. Le vrai self s'efface sous le faux self façonné pour refléter les attentes d'autrui. Les fondements de la confiance en soi en sont d'autant ébranlés.

Cette faiblesse est particulièrement présente chez l'adulte surdoué que ses parents ont surinvesti de leurs espoirs et de leurs attentes, et qui est devenu dépendant des applaudissements et des approbations. L'obstacle est né de ce qu'il s'est construit parallèlement aux sollicitations des autres ; il a emprunté les voies qui les séduisaient, elles-mêmes tracées non pas au regard de ses dispositions naturelles ou de ses souhaits, mais des rêves parentaux avortés.

Il conviendra dès lors que le consultant s'interroge sur l'origine de ses désirs. Ai-je déjà décidé de ma vie sans subir aucune influence ? Lorsque je prends telle décision, lorsque j'effectue tel achat, qu'est-ce qui motive mon choix ? Est-ce vraiment une envie qui me correspond ? Suis-je capable de prendre une décision seul(e) ? Suis-je capable de m'engager dans une voie qui me convient, qui me rendra heureux, si je sais que ceux que j'aime la désapprouveront ?

Le bonheur procuré autour de soi est un moteur puissant de joie et d'équilibre personnel, tant qu'il ne spolie pas, en profondeur, l'identité propre. L'approbation des autres doit rester la récompense indirecte d'un acte ou d'un projet. La récompense directe, c'est la réussite de cet acte ou de ce projet, évaluée à la mesure de son succès objectif, de l'épanouissement qu'elle procure à son auteur.

Accepter de se retourner sur son passé

« Passons, passons, puisque tout passe, nous nous retournerons souvent », a écrit Apollinaire pour définir le délice de la remembrance. Qui ne s'est jamais retourné sur son passé ? Cet exercice, généralement agréable lorsqu'il est pratiqué dans un cadre affectueux, recèle pourtant de redoutables dangers. Dans les moments de souffrance, un retour dans le temps peut aviver les regrets et les remords. Or, sans analyser ce temps révolu qui nous a constitués et que nous recomposons à la lumière des événements et des personnes qui, dans ces moments-là, nous ont marqués, consciemment ou inconsciemment, il est impossible de nommer les douleurs, repérer les angoisses, trouver ce qui a noué les liens qui nous tiennent prisonniers de choses révolues. Il est alors inenvisageable de guérir et de retrouver l'énergie nécessaire pour faire face, au sens propre et au sens figuré : cesser de se retourner pour regarder devant soi, affronter sereinement l'avenir. Pour cela, au moins, notre passé mérite notre attention.

Il n'est pas inhabituel qu'au cours d'un travail sur eux-mêmes, des adultes à fort potentiel découvrent et expriment le profond regret qu'ils ont éprouvé lorsqu'ils ont fait des choix qui les engageaient dans une voie qui n'était pas la leur, ou lorsqu'ils ont laissé de côté des passions jugées comme autant de loisirs superficiels. Très souvent, ce n'est que bien des années après qu'ils prennent conscience de l'importance que ces cours de piano, le rêve d'études littéraires ou une passion pour la peinture avaient dans leur vie. Ils réalisent qu'ils trouvaient là leur force, leur énergie et il leur semble que, depuis, ils ne se sont plus jamais sentis aussi vivants.

Ces moments de découverte sont toujours intenses, bouleversants pour l'adulte surdoué. Certains s'écroulent, même. Il faut alors toute l'aide d'un thérapeute, ou d'un être aimé, conscient de l'importance cathartique de ce passage et qui ne leur interdise pas d'en peser toutes les conséquences, et d'en tirer les leçons. Il faudra en effet, une fois le constat établi, reconstruire son identité autour de la passion retrouvée, de l'attente refoulée, des insatisfactions chroniques.

Se retourner sur son passé, le remuer, permet-il d'avancer ? est la question qu'ils posent le plus souvent, et le risque auquel il faut pourtant qu'ils consentent.

« J'ai raté ma vie », a réalisé Bertrand, à vingt-cinq ans.

« Je ne vois pas à quoi ça va me servir, de fouiller dans tout ça. J'ai fini par me faire une raison. J'ai fait un choix il y a vingt ans, je dois vivre avec et j'ai l'intention de m'y tenir », a déclaré Manuel, à quarante-cinq ans.

Il arrive aussi qu'à force de faux self, à force de refoulements, nous ayons biaisé nos souvenirs. Inconsciemment, nous avons recomposé le passé pour qu'il concorde avec la vision que nous voulons en avoir. Nous permettons ainsi à nos décisions les plus incohérentes de trouver leur justification dans des événements, des rencontres, des interventions qui, en vérité, ne se sont pas déroulés comme nous croyons nous en souvenir. Travailler sur le passé aide à rétablir la vérité, à dévoiler les incohérences, à restaurer notre perception de nous-mêmes et, partant, notre identité profonde. Un regard extérieur, une aide thérapeutique apportent l'éclairage indispensable pour chasser ces zones d'ombre, et nous porter en pleine lumière.

Lorsqu'il consent à effectuer ce travail, l'adulte surdoué découvre quelles sont les règles qui gouvernent *effectivement* sa vie, s'il a décidé seul de les appliquer, si elles lui ont convenu un jour, et si elles font toujours son bonheur.

« C'est affreux, c'est moi qui détenais la clé de ma propre prison », a fini par comprendre Bertrand.

À quel moment me suis-je trompé ? Pourquoi me suis-je obligé à cette vie ? Quelle blessure m'a contraint à ne plus jamais pratiquer ce sport que j'aimais, à renoncer à ces études, cet amour, ce voyage ? Pourquoi avais-je oublié mon isolement en fac ? Repérer les anciennes souffrances et leur permettre de cicatriser enfin est primordial pour mettre de l'ordre dans ses priorités et aller de l'avant. Ces questions devront être clairement posées, avec l'intention de tout tenter pour y répondre. Toutefois, la réparation ne saurait se construire seule. Rationaliser ne suffira pas pour qu'elle s'opère. Quels que soient le potentiel du surdoué, sa volonté de tout intellectualiser, son inconscient gouverne une grande part de ses décisions et de ses émotions. Il a verrouillé son vrai self. Il est bloqué depuis que, enfant, confronté à sa différence et aux critiques qu'elle a suscitées, il est passé du constat : « j'ai un problème », au constat : « je suis un problème ». C'est ce passage qu'il faut rappeler à soi, et extraire de sa mémoire pour en finir avec son mal-être.

Consolider l'estime de soi

Le fort potentiel intellectuel et l'hypersensibilité émotionnelle qui caractérisent le surdoué mettent à mal l'estime que cet individu se porte. Sa différence, la méfiance au mieux, le rejet et les railleries au pire, qu'elle lui a attirés ont sclérosé son narcissisme. Comment améliorer cette image à ses propres yeux ? Ce changement ne peut avoir lieu que dans le miroir dans lequel le surdoué se contemple, s'évalue, et mesure son assurance et sa confiance en lui : le regard des autres. Il est très difficile de modifier du jour au lendemain l'appréciation de ses confrères et consœurs, de ses collègues de bureau. L'estime ne se décrète pas. En revanche, un travail peut-être effectué au sein de la famille, voire dans le couple, avec l'aide d'un thérapeute. Et rien n'épanouit davantage un adulte surdoué qu'une rencontre, amoureuse ou amicale.

C'est le moment de mettre l'accent sur l'immense importance de la famille dans la construction de cette estime de soi. J'ai déjà souligné, dans mon précédent ouvrage, combien un bon accompagnement des enfants précoces par leurs parents, non seulement pour ce qui concerne la scolarité, mais surtout pour ce qui touche aux relations affectives, évitait de souffrances et d'échecs.

Des études récentes ont démontré que, quels que soient l'origine, la profession ou le niveau financier des parents, ceux qui réussissaient avaient été élevés par une famille soucieuse de l'enfant et attentive à ses besoins. Le père et la mère avaient valorisé son travail, écouté ses désirs et établi des règles et des objectifs en fonction de ses capacités. C'est un peu dans cet esprit qu'il faut continuer de travailler avec l'adulte surdoué. Le conjoint, mais encore ses frères et sœurs s'ils s'entendent bien, les parents s'ils en ont encore l'âge, un cousin ou un ami proche doivent corseter sa propension à l'autodérision, au dénigrement personnel et à la plainte continuelle, qui est l'une des manifestations les plus fréquentes de ce déficit chez l'adulte à fort potentiel.

Est-ce que je me connais vraiment ? Est-ce que je m'aime ? Est-ce que je m'accepte et, sinon, pourquoi ? Dans mon travail, ai-je des difficultés à agir et pourquoi ? Pourquoi suis-je toujours en train de critiquer ce que j'entreprends ?

C'est à partir de ces questions, et surtout des réponses qu'il devra y apporter, **dans la plus grande honnêteté avec lui-même**, que le surdoué pourra comprendre ses fragilités et leurs raisons. Comme pour les étapes précédentes, il ne lui suffira pas de dresser le tableau de ses carences. Il faudra encore qu'il apprenne à s'accepter dans sa vérité, et alors commencer, étape après étape, avec l'aide et les conseils de sa famille, à s'affirmer. Les réseaux sociaux, les organisations humanitaires, des associations d'aide caritative – cours aux enfants en échec scolaire, cours de langue aux immigrés, collecte et distribution de vêtements, etc. – offrent de très bons encadrements pour conforter sa propre estime. Donner, sans être dans la compétition qu'impose souvent le monde de l'entreprise, épanouit. Enfin, ces activités offrent l'opportunité de tisser un réseau de relations qui enrichit celui du monde du travail, où l'adulte surdoué, en déficit d'estime de soi, reporte en général sa peur de l'échec et du ridicule qui cesse rarement de le hanter. Dans ces associations encore, il pourra mettre en pratique les règles d'intelligence relationnelle qui lui épargneront les souffrances nées de son manque d'estime :

- être conscient de soi ;
- se comprendre et s'exprimer ;
- être conscient des autres, les comprendre et entretenir des rapports avec eux ;
- faire face à ses émotions fortes ;
- s'adapter au changement et régler des problèmes de nature sociale ou personnelle.

6.

Les bénéfices d'une thérapie

Y a-t-il un bonheur possible pour le surdoué ? Les nombreux ouvrages consacrés à la souffrance de l'adulte surefficient incitent à douter de sa capacité à être heureux. Dans mon cabinet, les témoignages de ces patients si particuliers m'obligent à confirmer le mal-être dont ils souffrent constamment ; ils consultent souvent un thérapeute pour remédier à ce qu'ils jugent être une inaptitude chronique au bonheur. Et même s'il existe incontestablement des surdoués heureux, la majorité d'entre eux ressentent leur différence comme une source de tourments. On a vu, dans les chapitres précédents, les raisons de ce pessimisme et de cette propension à imaginer le pire, les yeux grands ouverts. Néanmoins, certains d'entre eux, s'ils connaissent des phases d'anxiété ou de doute, parviennent à se sentir heureux d'être au monde et l'avouent. Ils cultivent comme un jardin cette joie si bénéfique pour eux-mêmes, pour leur entourage et pour la réalisation de leurs talents. Célèbres ou pas, qu'ont eu ces hommes et ces femmes pour être satisfaits de leurs vies ? Détiennent-ils un secret qu'il serait possible de divulguer ? d'enseigner ? Quelle est la nature de leur bonheur ?

Apprendre le goût du bonheur

Le courant actuel de psychologie positive témoigne du désir pressant que l'homme moderne manifeste pour le bonheur, dont il fait une affaire personnelle. Cette approche est très récente. L'ouvrage de Michel Faucheux[1] retrace bien l'évolution de cette idée à travers les siècles : dans l'Antiquité, chez les Grecs, le bonheur n'était pas considéré comme un don mais comme le résultat d'une sagesse obtenue par la philosophie, et le bonheur social naissait de l'apprentissage de la pensée. La civilisation occidentale, quant à elle, a longtemps été hantée par la nostalgie du Paradis perdu. Le Moyen Âge l'a identifié au Salut en le situant au-delà de la vie terrestre mais, à la Renaissance, avec la découverte de nouveaux mondes, la notion de bonheur évolue. Terrestre, il s'associe à la quête de plaisir, il s'éprouve. Il devient alors une recherche de soi plutôt qu'une quête d'absolu. Au XVIIIe siècle, avec les philosophes des Lumières apparaît l'idée d'un bonheur collectif. Il doit être disponible pour tous les hommes, considérés comme égaux dans leurs droits à l'obtenir ; il fonde les constructions collectives tels la Constitution des États-Unis d'Amérique, les utopies qui fleurissent jusqu'au cœur du XIXe siècle et le marxisme. La Seconde Guerre mondiale, ses déflagrations et ses horreurs ont anéanti l'idée d'un bonheur collectif. Pour autant, le concept ne meurt pas. Avec les Trente Glorieuses, le modèle américain triomphe et, avec lui, l'idée d'un bonheur associé à la réussite sociale et aux biens matériels – de là, la confusion entre l'être et l'avoir. Les révolu-

1. Michel FAUCHEUX, *Histoire du bonheur*, Toulouse, Oxus, 2007

tions libertaires de 1968, qui traversent le monde occidental, aggravent encore cette confusion ; elles amalgament bonheur, possession et plaisir immédiat – on se souvient encore du slogan : « Jouissez sans entraves. » Et aujourd'hui ? La nouveauté, expose Philippe Delerm dans *La Première Gorgée de bière et autres plaisirs minuscules*[1], c'est que l'homme apprend à se contenter des petits bonheurs du quotidien dont il attend une authenticité perdue. La crise financière, le désarroi que vivent nos sociétés accentuent cette tendance. Elles consolident l'idée qu'on peut être heureux en consommant moins.

Mais si l'idée qu'on s'en fait est influencée par l'époque dans laquelle on vit, la culture dans laquelle on baigne et le milieu dans lequel on naît, le bonheur est toujours considéré comme un idéal dont la définition reste à trouver, au-delà des messages omniprésents assénés par les médias, ou des mots d'ordre contemporains. La notion n'a d'ailleurs jamais fait couler autant d'encre. Et d'autant plus que chacun se sent autorisé à le revendiquer. À preuve, le flot des publications sur le sujet. Selon un dossier récent du journal *La Croix*[2], 286 livres sont parus en 2010 sur ce thème, sans compter les articles des magazines, les reportages télévisés ou les émissions de radio. « On assiste à un véritable terrorisme du bonheur, observe à ce sujet le psychanalyste Patrick Delaroche[3]. Aujourd'hui on n'a pas le droit de se dire triste… on confond le bonheur avec la jouissance,

1. Philippe DELERM, *La Première Gorgée de bière et autres plaisirs minuscules*, Paris, Gallimard, 1997.

2. Janvier 2011.

3. Patrick DELAROCHE, *Psychanalyse du bonheur*, Paris, Albin Michel, 2011.

c'est-à-dire le plaisir pur qui ne tient pas compte de l'autre. »

La recherche du bonheur et d'émotions positives est la clé de voûte d'une nouvelle psychologie dite positive, présentée à l'origine par Martin E. P. Seligman en 1998, dans une adresse à l'*American Psychological Association*. Les écoles qu'elle a engendrées proposent aujourd'hui plusieurs échelles d'évaluation du bonheur, telles que The Affect Balance et la Subjective Happiness Scale, pour n'en citer que deux. Elles ont établi des statistiques pour quarante-cinq nations. Ed Diener fut un pionnier dans cette recherche. La communauté scientifique n'est pas restée en marge du mouvement. À son tour, elle s'est penchée sur l'origine de ce sentiment de bonheur. Peut-il s'apprendre ? Est-il inné ?

Les progrès de la génétique et de l'imagerie cérébrale montrent que notre aptitude au bonheur dépendrait en partie de nos gènes. Les gros porteurs de sérotonine, un neuromédiateur qui joue un rôle important dans la régulation de l'humeur, seraient mieux armés pour affronter les épreuves de la vie. Pour autant, comme le démontre Christophe André[1], il serait hâtif, voire présomptueux de prétendre que tout serait joué d'avance : « Si 50 % de nos aptitudes à nous sentir heureux ne dépendent pas de nous, mais de notre génétique et de notre passé, environ 10 % dépendent de notre environnement personnel, et 40 % de nos efforts réguliers, ce qui n'est pas si mal. » Selon lui, au fatalisme, il faut préférer l'examen de conscience et chercher avec honnêteté ce qui, dans notre comportement, érige ces bar-

1. Christophe ANDRÉ, *Les États d'âme. Un apprentissage de la sérénité*, Paris, Odile Jacob, 2009.

rières qui nous interdisent de vivre au mieux nos rapports avec le monde.

De là aux cours de bonheur il n'y a qu'un pas. De grandes universités américaines, dont Harvard, ont intégré de tels enseignements dans leurs programmes, pour répondre à l'engouement que suscite le courant de psychologie positive. Les Européens ne sont pas en reste. S'ils ne professent pas encore sur les bancs de l'école ou de l'université une telle formation, les ouvrages qui proposent un apprentissage du bonheur abondent dans les librairies.

Et les adultes surdoués ? Quelle est leur place dans cette société qui vit le bonheur comme un objectif, sinon comme un droit ? Leur esprit critique, leur soif d'absolu, leur façon de penser, leur regard sur le monde leur donnent-ils la moindre chance d'accéder au bonheur ? Là encore, les adultes surdoués continuent d'être différents qualitativement et quantitativement. Leurs traits de caractère leur font envisager cette notion d'une façon toute particulière. Qu'ils soient heureux ou malheureux, ils le sont toujours à leur manière. Les cours sur le bonheur auront peu de chance de faire effet sur eux. Quant au bonheur exhibé sur les panneaux de publicité, dans les magazines ou lors d'émissions télévisées où le rire est de rigueur, ils le considèrent comme une vulgaire parodie, un dénigrement de ce qu'ils subodorent être la félicité.

Si, dans un moment de désespoir, ils en viennent à envier « les autres », c'est pour leur simplicité d'esprit, leur cécité et la tranquillité d'âme qui s'ensuit. Mais ils ne sont pas dupes et jamais ne voudraient changer de place. Dans un monde imparfait, dont ils perçoivent les failles, les manques, ils savent instinctivement que la satisfaction ne saurait se trouver dans la simple possession de l'objet à la mode, pour ne pas dire du « *must* », que la publicité lance en pâture à nos désirs. Les phénomènes de société ne les concernent pas davantage. Le chemin, ils en sont conscients, ne peut être tracé par un autre ; il ne peut être qu'individuel et résulter d'une recherche personnelle. Ils savent instinctivement que le bonheur est dans l'être et non dans le paraître. Sans doute comprennent-ils mieux que d'autres la signification de ce jardin que Voltaire conseillait de cultiver dans les dernières lignes de *Candide*.

S'ils se démarquent du plus grand nombre dans leur approche hédoniste ou épicurienne, ils n'imaginent pas pour autant qu'ils aient à vivre sur une île déserte pour être heureux. D'ailleurs, tous ceux qui ont « réussi », tous ceux qui affichent une satisfaction et un enthousiasme inextinguible pour leur vie, l'ont fait dans le monde réel. Ils y ont trouvé leur place et une reconnaissance, discrète pour certains, visible pour d'autres. S'ils ont une recette du bonheur, elle passe en priorité par la reconnaissance et l'acceptation de leur différence. Elle passe de plus par la résolution de leur colère et par l'engagement dans des causes valorisées à leurs yeux. Bien évidemment, les adultes surdoués n'ont pas créé là un nouveau concept du bonheur, voire « le » concept du bonheur. Mais ils savent ce qui les rend heureux : ainsi, tous avouent leur joie à entretenir des relations riches et satisfaisantes, à avoir conscience d'apporter leur contribution – fût-elle modeste – au monde et aux hommes. Ils accèdent alors à un sentiment de plénitude qu'ils appellent bonheur. « Je sais que mon apport a été éphémère, m'a dit Madeleine, de retour de l'organisation sociale où elle travaille comme bénévole, mais ce que j'ai fait a bel et bien existé et produit ses fruits, et rien ne pourra l'effacer. »

Certes, tout le monde, même surdoué, n'est pas destiné à accomplir des actes d'exception. Mais il n'est pas toujours question d'exception ; ces actes peuvent être silencieux, humbles, des gestes du quotidien, dans notre rue, notre quartier. C'est dans sa mairie que Madeleine dispense des cours du soir à des enfants en très grand échec scolaire. Des enfants le plus souvent très difficiles.

Il n'est même pas toujours nécessaire de faire quoi que ce soit pour que l'adulte surdoué se sente heureux. L'abandon de la fausse identité apporte un premier et profond soulagement, une légèreté délicieuse, voire une gaieté. Il offre la liberté de se redéfinir et de s'engager dans une nouvelle voie plus épanouissante. La peur de se révéler est levée. Les amitiés et les relations peuvent maintenant se fonder sur de nouvelles bases plus solides et plus fructueuses L'énergie est alors canalisée dans une direction porteuse de sens. Il n'est plus nécessaire d'attendre d'être absolument sûr pour aller de l'avant. L'incertitude devient l'avenir de l'individu Elle est enfin synonyme de possibilités.

Certains adultes surdoués qui ont réussi donnent l'impression d'avoir tout orchestré de façon magistrale ; d'autres, qu'ils ont connu de nombreux échecs avant d'avoir trouvé leur voie. Quelles qu'aient pu être ces voies, il apparaît que, à un certain moment, tous se sont demandé : qu'est-ce qui a un sens pour moi ? Qu'est-ce qui me procure du plaisir ? Quelles sont mes forces ? Ils ont ainsi pu trouver un champ de développement personnel et professionnel.

Pourquoi ne pas écrire, pour vous-même, qui vous voulez être et ce que vous voulez faire ? Pourquoi ne pas réfléchir aux valeurs qui vous stimulent ? Aux désirs et aux attentes qui vous motivent ? Sans cette connaissance préalable, il ne peut y avoir de base solide sur laquelle construire. Certes, la démarche prend du temps, comme tout ce que vous avez déjà réalisé. Certes, elle ne fera pas taire le questionnement infini qui vous hante ni l'inquiétude qui vous ronge. Tout au long du parcours, il est impossible d'éviter détours, impatiences, sensations d'immobilisme et de fatalité, frustrations. Afin de se développer, nous l'avons évoqué plus tôt, il faut renverser les obstacles que constituent les peurs, les critiques, l'obsession du contrôle et tout ce qui limite notre champ d'expérience. Le bonheur s'apparente à un voyage dont le déroulement, les escales permettent de nous enrichir, en dépit des intempéries et des empêchements.

Il est vrai que l'adulte surdoué manifeste une inaptitude chronique au bonheur. Pourtant, paradoxalement, il est aussi l'être le mieux nanti pour le connaître : son énergie, sa sensibilité, sa créativité, son sens des valeurs sont des atouts fondamentaux pour s'épanouir et se réaliser, et trouver l'harmonie dans l'expression pleine et joyeuse de ses talents – tout ce qui, justement, correspond à un état de bonheur, ou du moins rend heureux.

Prévenir ses souffrances

Débarrassés de notre faux self, nous pourrons commencer à envisager de nouer des relations substantielles, que ce soit en famille, dans le couple, sur le lieu de travail ou en amitié. En effet, la clé d'une relation riche et épanouissante réside dans la confiance. Confiance : en latin *con fides*, « avec foi ». La confiance résulte d'un contexte de sécurité affective qui s'affirme tant que nous offrons notre vrai visage, notre self, et que l'autre nous offre sa vérité en retour. Alors, nous dévoilons notre identité profonde, dépourvue de toute défense (donc de tout faux self), en toute vulnérabilité.

Il faut comprendre que les relations humaines, quelle que soit leur nature, amoureuse, professionnelle ou amicale, résultent moins d'une volonté que d'un équilibre – prendre soin de l'autre et sentir qu'il prend soin de nous en retour –, sans avoir à modifier qui nous sommes profondément pour en saisir toute l'authenticité.

Dans les mois, les années qui suivent le travail de renoncement au faux self et la reconstruction d'une identité vraie, le surdoué est particulièrement fragile. En effet, plus le vrai self est solide, c'est-à-dire construit et développé depuis l'enfance sur des bases larges et sûres, moins grand est le besoin d'anticiper les réactions des autres. Plus faible il est, plus instables sont les mécanismes de défense, plus grand est le besoin de montrer patte de velours, d'être avenant et disponible.

Mais cette tombée des masques suffit-elle à assurer des relations harmonieuses, à effacer les souffrances dont se plaint l'adulte surdoué quand il évoque sa vie en société ?

Hélas, non. L'excitabilité, l'intensité de l'attente, les capacités d'empathie, le perfectionnisme et un profond sens des responsabilités qui caractérisent l'adulte à fort potentiel peuvent être source de difficultés dans ses rapports au monde. Ses qualités intellectuelles peuvent lui valoir des jalousies ; celles des femmes effraient. Son humour des ennemis. Il lui faut alors gérer sa façon d'être, l'impact de ses propos et, en même temps que les demandes de ses proches, gérer le flux de ses émotions, les souffrances que son empathie et sa compassion lui infligent. Il faut aussi établir les bonnes distances, se ménager des plages de solitude, apprendre à être un peu égoïste. Apprendre à se taire lorsqu'on est trop enthousiaste, ou à parler si l'on s'est refermé comme une huître dans le mutisme et la solitude.

Trop. L'adulte surefficient est toujours « trop », et ce sont ces excès qu'il lui faut apprendre à corriger.

Trouver l'âme sœur

« Une femme intelligente est un plaisir d'homosexuel », affirmait Baudelaire. L'aphorisme résume à lui seul toute la difficulté pour les femmes, et presque autant pour les hommes, de trouver un partenaire avec qui initier une relation amoureuse. C'est donc dans leur classe intellectuelle que les deux chercheront l'âme sœur. À la faible probabilité des rencontres fortuites, il faut veiller à ne pas ajouter ses propres barrières.

À trente-quatre ans, Claire occupe un poste à hautes responsabilités dans une banque. Élevée en province, fille d'un père médecin et d'une mère au foyer, elle fait de brillantes études de droit. Claire travaille aujourd'hui durant de longues journées qui se prolongent généralement les soirs et week-ends. Son salaire élevé lui a déjà permis de s'acheter un bel appartement dans un quartier choisi dans lequel elle ne passe que très peu de temps. Malheureusement, ses exceptionnelles capacités intellectuelles ne lui facilitent pas la rencontre d'un compagnon avec lequel construire une vie de couple. « Je fais peur aux hommes. Il ne me vient pas à l'idée de cacher mon intelligence », avoue-t-elle en consultation. Certes, la surefficience intellectuelle chez une femme n'est pas forcément le meilleur atout pour trouver un mari. Mais était-ce la seule explication ? Après un travail de mise à plat, Claire a fini par comprendre qu'elle tenait les hommes à distance et les évitait. Si ardent qu'ait été son désir de mener une vie amoureuse épanouissante et de fonder une famille, elle ne pouvait concevoir de renoncer à sa vie professionnelle. Lorsqu'elle a pris conscience de sa responsabilité dans sa solitude, et des souffrances qui l'avaient conduite à investir toute son énergie dans son statut social, Claire a manifesté sa disponibilité à une rencontre.

Il n'en reste pas moins que la rencontre avec l'âme sœur est plus problématique pour les surdoués que pour tout autre individu. À preuve, le nombre de célibataires particulièrement élevé chez les membres de la MENSA ! Mais certains ont mis en place des astuces pour éviter les déceptions et les partenaires qui ne conviendront pas.

Christine, que sa profession amène souvent à participer à des congrès, et qui s'y ennuie copieusement, observe chaque fois l'assemblée et cherche dans la salle quels hommes expriment le même ennui. Il y a des chances qu'ils soient intelligents ! Camille, de son côté, quand elle est invitée à des soirées, recherche l'homme qui s'intéresse à la bibliothèque ou aux tableaux. D'autres tendent l'oreille pour repérer la richesse d'un vocabulaire ou la souplesse d'une élocution. Plus provoquant, Pascal attaque de but en blanc en posant une question sérieuse : « Que pensez-vous du réchauffement climatique ? » « Ça marche ou ça casse, commente Pascal en riant. Tant pis si on me trouve bizarre. Au moins, je ne perds pas de temps ! »

Certains sont attentifs au regard : ils guettent cette petite étincelle qu'on rencontre si souvent chez l'enfant précoce, lorsque le travail de test s'engage !

L'attraction sexuelle fonctionne elle aussi, bien évidemment. Mais chez les surdoués, elle complique les choses plus qu'elle ne les favorise – ce n'est pas l'intelligence qui la détermine, et gare aux désillusions ! « Comment ai-je pu accepter d'aller chez lui ? Si seulement j'avais pu l'empêcher de parler ! », avoue Mélanie. Comment éviter ces douches froides ? Il est si difficile d'annoncer à quelqu'un tout à trac : « Tu ne m'intéresses pas. Tes centres d'intérêt ne sont pas les miens. » L'expérience a été claire et nette pour Joëlle, qui avait accepté un déjeuner : « En deux minutes, j'ai su que je ne voulais pas être là et que je perdais mon temps. J'ai sérieusement envisagé de me lever et de partir avant les hors-d'œuvre, puis je me suis raisonnée et je suis restée. Mais ce repas a été une torture. »

D'autres surdoués, bien souvent ceux qu'on retrouve seuls, ont développé leur propre système de sélection : « J'accepte une invitation pour vérifier si cette relation a des chances, pas plus. Cela vous paraîtra arbitraire mais en fait ça évite des souffrances de part et d'autre. Je ne veux pas entamer une relation avec quelqu'un qui ne me convient pas. »

Certains adultes surdoués se marient avec des partenaires qui ne comprennent pas leur différence, et souvent ne l'acceptent pas. Martine a claqué la porte du domicile conjugal à quarante ans passés, lasse d'être rabrouée dès qu'elle ouvrait la bouche, et fatiguée d'être réduite à son rôle d'épouse et de mère de famille. Plus que pour n'importe quel autre individu, le surdoué rêve de construire sa relation amoureuse sur les notions d'entente et de complicité. En consultation, il avoue souvent son désir de trouver un ami en la personne du conjoint. Il a besoin d'une harmonie intellectuelle, d'un double à qui confier ses projets, ouvrir son cœur, qui partage ses vues, son rythme et comprenne – à défaut de la partager – sa différence. S'ils se marient difficilement – les femmes encore plus que les hommes –, les adultes surdoués détiennent le record de brièveté du mariage. Si un couple se sépare deux ou trois jours après la cérémonie, sachez que l'un des deux mariés était à coup sûr un adulte à fort potentiel ! Mais, à l'inverse, quand ils sont heureusement mariés, quand un surdoué a épousé une surdouée, le couple détient le record de longévité. En effet, il n'y a pas de compétition entre eux – comme Martine l'avait vécu avec son mari, acharné à être le chef et à dominer. En général, ils s'admirent mutuellement. Ils se comprennent et laissent à l'autre la liberté nécessaire pour ses découvertes et son enrichissement personnel.

La vie quotidienne n'est pas toujours facile pour autant. Les deux peuvent être brillants, mais considérer leur métier, l'éducation des enfants, le style de vie sous des angles différents. Il est important, dans ce cas, qu'ils reconnaissent leurs différences, acceptent celle de l'autre et en parlent.

La gémellité intellectuelle, dans le couple, garantit des réponses adéquates aux surdoués, si singuliers dans leurs affects. L'intensité avec laquelle ils vivent leurs relations sentimentales, familiales, amicales ou amoureuses étouffe très souvent leur(s) partenaire(s). L'époux ou l'épouse surdoué(e) saura recevoir cette intensité et y réagir. Il ou elle apportera ainsi à son conjoint une réponse à ses échecs avec autrui, à partir de quoi, ensemble, le couple pourra adopter de nouvelles stratégies pour entretenir leurs relations, dans les sphères professionnelle ou amicale.

Y a-t-il une recette miracle pour dénicher l'âme sœur ?

Hélas non. Mais il y a des petits trucs pour faciliter la rencontre : recherchez des lieux et des activités intellectuelles. Vous aurez plus de chances de trouver des personnes compatibles avec votre potentiel. Guettez les regards ! Ils trompent rarement !

Certains rejoignent la MENSA ou d'autres associations pour adultes surdoués, qui peuvent permettre de côtoyer d'autres personnes surdouées dans sa région. Néanmoins, d'après une enquête, on compte fort peu de mariages dans ses rangs. Ces messieurs, quand ils sont célibataires, sont des célibataires endurcis.

Attention à l'effet « ghetto » Il faut vivre en société. Investissez-vous dans des projets qui enrichissent le monde autour de vous, et vous enrichiront en retour. Ils vous ouvriront de nouvelles portes, de nouveaux réseaux…

Se faire des amis

Pour tout ce qui représentait une certaine autorité, que ce soit avec sa famille, ses enseignants à l'école, ses employeurs au bureau, Sonia était perçue comme « pénible » : brillante, elle était capable de travailler sans relâche à ce qui la passionnait et de se désintéresser de tout le reste. En classe, elle n'hésitait pas à poser des questions embarrassantes à ses professeurs : son sens de l'humour n'était guère apprécié. Par la suite, sa carrière professionnelle en avait subi les contrecoups.

De même, Charles provoquait souvent l'exaspération de ses proches et de ses tuteurs : « Même très jeune, je blessais mes parents, mais je ne pouvais pas m'en empêcher. Lorsque ma grande sœur travaillait, je m'amusais à chercher les réponses dans ma tête, mes devoirs ne m'intéressaient pas, et les adultes ne voulaient pas comprendre que je savais déjà le faire. En fait les enseignants m'ont toujours détesté, je les assommais de questions ! Mes notes, en conséquence de mon désintérêt, ont toujours été passables mais jamais bonnes. Je n'ai jamais pu intégrer de classes préparatoires ou de grandes écoles. » Malgré sa peine à utiliser ses dons dans un but constructif, et à faire reconnaître son intelligence de manière positive par son entourage, Charles, après plusieurs années d'efforts soutenus, rédige aujourd'hui une thèse de doctorat en biologie. Mais ce succès ne l'a pas sorti de sa solitude, ni de la souffrance qu'elle génère chez lui. Tel est le constat que la plupart des cliniciens sont amenés à faire : un grand nombre, pour ne pas dire la majorité, des adultes surdoués éprouvent des difficultés dans leurs relations amicales. Hormis la difficulté de trouver son double – capable d'un échange satisfaisant, dans l'intensité et la qualité –, comme en amour, certains traits de leur caractère et la manière de les exprimer sont à reconsidérer attentivement. Et notamment ceux qu'ils ressentent et définissent comme des qualités. Comment suis-je avec les autres ? Quelles sont les attitudes que je juge aimables, et celles qui pourraient agacer ? Quels sont mes qualités et mes défauts ? Dresser la liste de ces caractéristiques, les classer selon des critères de sympathie/antipathie permettra à l'adulte surdoué de tenter de porter sur lui-même le regard des autres. En analysant point par point chacune de ses qualités ou défauts, il pourra mettre le doigt sur ce qui, souvent, fait fuir ces amis dont il a tant besoin et qu'il ne parvient pas à garder.

Catherine était une jeune femme d'un grand enthousiasme et d'une égale générosité. Dès qu'elle allait voir un film ou terminait un livre qui lui avait plu, elle en parlait dans les soirées avec passion, défendant bec et ongles la gloire de l'écrivain, le talent du cinéaste. Au cours de ses réunions professionnelles, elle s'exprimait avec la même fougue pour défendre les projets qui l'exaltaient, avec une vue radicale sur leurs avantages et inconvénients, usant d'humour et de boutades pour emporter les suffrages. Cet enthousiasme, cette énergie, Catherine les avait inscrits dans la colonne des qualités qu'elle se reconnaissait, et même au premier rang de toutes. En analysant les effets sur ses amis qui, petit à petit, se plaignait-elle, lui avaient fermé leurs portes, sur ses collègues qui boycottaient les réunions auxquelles elle s'inscrivait, Catherine a compris que cet enthousiasme qui la portait était invivable pour ses proches qu'elle étouffait, rabrouait et souvent, sans s'en rendre compte, humiliait en voulant les convaincre.

Par ailleurs, l'adulte surdoué recherche des relations profondes, entières et exclusives, qui ne sont pas toujours confortables pour les autres. L'expression d'un intérêt permanent, les questions intrusives, l'impatience à voir l'autre, ne sont pas toujours bien reçues ni surtout bien comprises. « Mes proches ont parfois pensé que je devrais voir un psy », se souvient Lise.

Parfois, un adulte surdoué, se croyant enfin compris, intensifiera sa relation jusqu'à ce qu'un malentendu, une légère distance de son « ami » ne le déçoivent. Alors il rompra aussi brutalement qu'il s'est engouffré dans son amitié.

On a vu aussi, dans les premiers chapitres, l'empathie profonde qui attire tous les cœurs blessés, et la frustration de ceux qui donnent énormément mais ne reçoivent rien en retour. Éternels confidents, ils sont oubliés quand il s'agit de faire la fête. Ils en souffrent, mais n'osent protester de peur de perdre les amis qu'ils ont, même s'ils savent qu'ils ne sont pas vraiment cet autre idéal, avec qui partager, rire, échanger. Le « parce que c'était lui, parce que c'était moi » de Montaigne.

Certains le trouvent dans la littérature. « Tant que j'ai Proust et Mozart, je ne me sens pas seul », dit Marc, tandis que Jean-Didier m'avoue : « Je crève d'envie d'avoir des amis qui se passionnent pour les mêmes choses. Les mondanités ne m'intéressent pas. »

La solitude est-elle la malédiction du surdoué ?

Non. Même si trouver l'ami idéal est difficile. Mais n'est-il pas rare pour tout le monde ?

Je donnerai les mêmes conseils que pour trouver l'âme sœur. Multiplier les activités à haut potentiel, fréquenter les lieux propres aux échanges intellectuels, bibliothèques, musées, associations, et les clubs réservés aux adultes surdoués, avec la même mise en garde que pour les amoureux · attention aux ghettos !

Être apprécié dans son travail

En dehors de toutes les difficultés relationnelles et affectives que nous avons évoquées dans cet ouvrage, il faut aborder, dans le travail, la question du rythme du surdoué, qui complique ses relations dans l'entreprise. Il est important bien sûr de comprendre dès son plus jeune âge le besoin d'aller vite de l'enfant précoce. Mais il ne s'agit pas tant de vitesse que du besoin constant d'apprendre quelque chose de nouveau. Cette propension s'affirme chez l'adulte surdoué, qui va d'objectif en objectif quel que soit son âge ou même le niveau de ses buts. Il travaille non seulement beaucoup plus vite, mais encore tout à fait différemment. Il peut d'ailleurs donner l'impression d'être un touche-à-tout, un dilettante qui manque de suite dans les idées. En effet, le surdoué peut ouvrir plusieurs dossiers à la fois, revenir à son travail principal, l'abandonner le lendemain. Certains scientifiques à fort potentiel resteront sur la même recherche pendant plusieurs années, quand d'autres préféreront y revenir de façon sporadique, entre d'autres travaux.

Un exemple : Jonathan, brillant élève, scientifique, renonce après deux ans de classes préparatoires à une grande école d'ingénieur pour participer à un programme de « réalité virtuelle ». Deux ans plus tard, alors passionné d'informatique, il décide de passer à un nouveau projet avant d'être engagé par une compagnie d'assurances, pour exploiter cette fois ses connaissances en mathématiques et élaborer des modèles d'études du risque. Au moment de notre rencontre, il a le sentiment d'avoir fait le tour des choses et envisage d'aller ailleurs.

Autant dire qu'il est très difficile à un surdoué de s'adapter à une entreprise, à ses rythmes, ses règles, sa mentalité. Se contraindre à les respecter exige une importante dépense d'énergie de sa part. Essuyer les critiques et les réflexions qui accompagnent sa conduite pour le moins originale requiert de grandes ressources intérieures qu'il ne possède pas – et notamment une estime de soi inaltérable.

Y aurait-il une difficulté particulière, pour les surdoués, à s'attacher à un lieu ou à un projet ? À construire une carrière dans la même voie et la même entreprise ? J. M. Tolliver et David Willings[1], deux chercheurs canadiens, ont étudié des jeunes et adultes surdoués et créatifs à l'université et dans le milieu du travail et, ainsi, ont apporté la meilleure des réponses. D. Willings a sélectionné trente-cinq étudiants (anglais et canadiens) et a pu en suivre quinze pendant dix ans. Il est arrivé au constat selon lequel la vie de ces jeunes surdoués était un mélange de luttes et d'incertitudes, de sérieux et de rébellion. Les étudiants de licence avaient tendance à critiquer leurs camarades ainsi que leurs profes-

1. J. M. Tolliver et David Willings, *The Gifted at University-Mimeograph*, Canada, University of New Brunswick, 1982.

seurs. Chez les surdoués adultes, l'inclination à la critique, et plus particulièrement à l'autocritique, était singulièrement aiguë : la plupart s'imposaient des objectifs très élevés dans le cadre de leur travail, et ressentaient, lorsqu'ils ne les atteignaient pas, un lourd sentiment d'échec. « Tous s'étaient sentis leurrés à l'université, qu'ils percevaient comme un lieu de gavage et de restitution pour les examens. Ils s'étaient attendus à mieux et ne s'imaginaient certainement pas s'ennuyer autant à la faculté qu'à l'école. L'abandon est trois fois plus élevé parmi les surdoués que la moyenne nationale[1]. »

Il est à noter que les étudiants surefficients qui ont bénéficié de conseils ont en revanche pleinement tiré profit de leurs études. Certains de ces élèves ont même, comme les universités canadiennes et nord-américaines en offrent la possibilité (ce qui n'est pas le cas en France), accéléré le passage de leurs examens pour valider leurs connaissances. Parmi les quinze étudiants suivis par Willings, dix n'ont pas souhaité poursuivre leurs études au-delà de la licence bien qu'ayant validé leur accès en maîtrise (ou master 1) et que la plupart avaient déjà publié des essais.

Quinze mois apres la remise de leurs diplômes, tous sauf un étaient des employés insatisfaits ; puis, dans les années qui suivirent leur premier emploi, des changements radicaux d'orientation ont été notés. Huit ont ressenti le besoin d'un soutien thérapeutique. Sans doute pour comprendre ce qu'ils attendaient du travail, et s'ils devaient se résigner à toujours s'ennuyer dans leur activité professionnelle.

Il est certain que l'entreprise est un lieu riche en torture et en désillusions pour le surdoué. Intègre, intense, il veut que

1. *Ibid*

les différentes tâches soient réalisées le mieux possible et se montre impatient avec ceux qui fournissent un travail bâclé ou qui pensent trop lentement. Mais s'il les exécute rapidement, il s'ennuie tout aussi rapidement et ne s'en cache pas. Il met la barre très haut, pour lui-même, mais aussi pour ceux qui l'entourent et ne leur pardonne pas l'échec. De plus, l'adulte surdoué a une façon toujours déroutante d'aborder les problèmes, ce qui irrite le groupe. Son idéalisme peut également lui créer des ennuis, notamment avec sa hiérarchie, qu'il ne craint pas de critiquer ouvertement, avec brio et parfois même en public ! La vivacité de son esprit, la vélocité de ses réponses sont des menaces pour les supérieurs qu'il ne perçoit pas, mais qui lui valent des mises à pied, des motions de censure.

« Je teste toujours jusqu'où je peux aller. J'use mes postes. Je m'ennuie. Mon travail me devient insupportable et je démissionne. Si je suis trop agressif, on me licencie », témoigne Dominique.

Jean-Michel, lui, a longtemps cru qu'on l'employait parce qu'il menait bien ses entretiens d'embauche et donnait à son interlocuteur une impression d'expertise. Une fois engagé, il trouvait très rapidement la solution aux problèmes. Il répondait aux questions posées par d'autres services et devenait une sorte de gourou. Lorsque tout le monde était satisfait, il allait de l'avant et résolvait les problèmes qu'il découvrait par lui-même. Certains responsables se sentaient alors menacés par ses aptitudes et cherchaient à le freiner. Il devenait alors malheureux, le faisait savoir d'une façon ou d'une autre et sa carrière dans l'entreprise prenait fin.

On peut, avec un travail sur soi, souligner les traits de caractère qu'il convient de favoriser pour aplanir les difficultés dans l'entreprise. Mais il faut reconnaître que l'insertion professionnelle est particulièrement épineuse pour le surdoué. Il n'existe pas de profession idéale pour lui, mais un très grand nombre sont incompatibles avec sa différence ! Les grosses sociétés très hiérarchisées où sa créativité sera étouffée par exemple. La fonction publique où il ne peut qu'être malheureux.

La recherche de petites structures, où il pourra exploiter son indépendance de vues et sa liberté de pensée sont à préférer. Une profession qui lui lance un défi permanent, qui stimule son intelligence, sa soif de connaissance, sera idéale. Et s'il en a les moyens et le désir, pourquoi pas créer sa propre entreprise ? Seul, ou avec d'autres surdoués…

L'adulte à haut potentiel doit-il pour autant se résigner à souffrir toujours dès qu'il est en société ou en famille ? Non, s'il apprend à définir ce qui, dans sa différence, ne s'accorde pas au mode du plus grand nombre. C'est en pleine connaissance de ces particularités que l'adulte surdoué doit envisager ses rapports avec le groupe, selon la nature de ses relations et le degré d'intimité qu'il partage avec cet autre, qui est très souvent, pour lui, une source de tourments. Quand il aura constitué cette boussole personnelle pour évoluer dans la jungle des relations humaines, il commettra moins d'impairs, ne réagira plus avec l'effet de pendule qui lui est propre, en surjouant les réponses ou en rappelant à lui ce faux self qui lui servait si bien de cuirasse…

Pour conclure, il saura suivre l'invitation de l'écrivain et dramaturge Henri James : « Le moment est venu de vivre la vie que vous avez imaginée. »

Conclusion

« Si vous voulez être heureux, soyez-le ! », a écrit Léon Tolstoï dans ses *Carnets*. Voilà l'ordonnance que je rédigerai en guise de conclusion à cet ouvrage. C'est aussi ce que je suggère aux nombreux hommes et femmes surdoués qui me consultent : personne ne possède davantage de talents pour s'épanouir et se réaliser pleinement dans la société.

Je parle en connaissance de cause. Les hommes et les femmes à fort potentiel qui ont fréquenté mon cabinet m'ont tant apporté au cours du travail entrepris ensemble ! Leur intelligence, leur différence, leur singularité donnent au quotidien un relief et une densité qui ne peuvent qu'enrichir le monde, comme ils m'ont enrichie dans un échange sincère, intense, qui oblige à la lucidité, à l'honnêteté, à l'écoute et au partage.

Pour peu qu'ils déploient leurs dons, chacun dans son domaine, selon ses affinités, nous en sortirons tous « élevés ». Ce sont eux qui inventent les solutions, élaborent les grandes idées, les entreprises heureuses et ces révolutions créatrices qui ont balayé et renouvelé l'art, les sciences et les techniques. Il serait suicidaire de ne pas les aider à s'épanouir.

Pour certains, la réussite est l'aboutissement d'une enfance et d'une adolescence positives. Pour d'autres, la sortie de la chrysalide est problématique, en particulier pour les femmes, les homosexuels, les immigrés, ceux qui ajoutent à la différence de leur surefficience cette différence originelle qui les singularise encore davantage. Leur sentiment de solitude s'en trouve accru, et le chemin rendu d'autant plus étroit pour atteindre l'harmonie dans leurs rapports avec l'image qu'ils ont d'eux-mêmes et avec leur entourage. Le degré de souffrance et ses répercussions sur la vie de la personne seront alors attentivement appréciés. Il est important que ces hommes et ces femmes n'hésitent pas à consulter et qu'ils ne restent pas sans aide. Une thérapie par la parole leur convient tout particulièrement.

Tous, malgré leur hypersensibilité, leur immense fragilité, peuvent parvenir à « réussir leur différence », à condition de trouver les bonnes réponses, et de choisir le bon guide. C'est le vœu que je forme pour eux, et la voie que j'indique à leurs proches, essentiels dans la confiance et l'estime dont ils ont besoin pour trouver leur chemin. Avec pour viatique le conseil du philosophe et poète américain Emerson[1] : « L'enthousiasme est l'un des moteurs les plus puissants du succès. Quoi que vous fassiez, mettez-y toute votre énergie et toute votre âme. Marquez votre entreprise du sceau de votre personnalité. Soyez actif, énergique, enthousiaste et loyal, et vous atteindrez votre objectif. Rien de grand n'a jamais été obtenu sans passion. »

1. Ralph Waldo EMERSON, *La Confiance en soi et autres essais*, Paris, Rivages, 2000.

Table

Du même auteur

Pour que mon enfant réussisse.
Le soutenir et l'accompagner
Albin Michel, 2010.

Le petit surdoué de 6 mois à 6 ans
avec Sophie Carquain
Albin Michel, 2013.

L'enfant précoce aujourd'hui,
le préparer au monde de demain
Albin Michel, 2015.

L'adulte surdoué
à la conquête du bonheur
Albin Michel, 2016.

Un sentiment de solitude,
Comment s'en sortir
Albin Michel, 2017.

Chez le même éditeur

Rose-Marie Charest, *La dynamique amoureuse. L'alchimie du couple*

Dr Stéphane Clerget, *Les kilos émotionnels. Comment s'en libérer*

Elsa Godard, *Ce qui dépend de moi. Petites leçons de sagesse*

Dr Sylvain Mimoun, *Ce que les femmes préfèrent*

Dr Sylvain Mimoun et Rica Étienne, *Sexe et sentiments version homme*

– *Sexe et sentiments version femme*

Nicole Prieur, *Petits règlements de comptes en famille*

Bernard Prieur et Sophie Guillou, *L'argent dans le couple*

Isabelle de Roux et Karine Segard, *Ma famille, mes fantômes. Guérir du lien quand il fait mal*

Maryse Vaillant, *Les hommes, l'amour, la fidélité*

– *Être mère : mission impossible ?*

Maryse Vaillant et Sophie Carquain, *Entre sœurs, une question de féminité*

– *Récits de divan, propos de fauteuil. Comment la psychanalyse peut changer la vie*

– *La répétition amoureuse. Sortir de l'échec*

Composition IGS-CP
Impression CPI Bussière en août 2021
Éditions Albin Michel
22, rue Huyghens, 75014 Paris
www.albin-michel.fr

ISBN : 978-2-226-23854-2
N° d'édition : 19939/21 – N° d'impression : 2059966
Dépôt légal : octobre 2011
Imprimé en France